JN189993

中小企業研究序説

髙田　亮爾
前田　啓一
池田　潔
編著

同友館

はしがき

　21世紀に入り、20年近くになる今日、経済社会の変動はますます激しくなりつつあり、企業を取り巻く経済・経営環境も著しく変化しつつある。そうした状況は、およそ次の3点に集約されると思われる。

　第1は、20世紀末以降、経済のグローバル化が一層進展していることである。他方で、地方創生、地域活性化、国民経済の基盤強化としての地域重視の視点が従来以上に重要性を増している。まさに、Globalization と Localization が複雑に交錯しつつ、同時に進行している。

　第2にIT（情報技術）、ICT（情報通信技術）等、デジタル技術が一段と進展し、第4次産業革命を主導する状況下、新たな経済発展や社会構造の変革が進みつつあり、産業構造、技術構造、市場構造等が大きく変容しようとしている。

　第3に、国内において急速に少子高齢化問題が進みつつあり、我が国経済社会としての対応が喫緊の課題となっている。それは、マクロ経済としての労働力人口・生産年齢人口の減少、年齢別人口構造の急速な変化等から、需要・供給両面における経済規模の縮小、経済活力の低下等、さまざまな社会経済問題を惹起している。その結果、ミクロ経済主体の企業にとっても国内需要（市場）の縮小と構造変化、労働力・人的資源問題等、需給両面で多くの対応を迫られることになる。

　以上のような経済社会の変動、経済・経営環境変化の下で、いま中小企業の対応が問われている。

　本書は、こうした問題意識に基づき、中小企業の現状と課題、今後の展望等について、中小企業研究の総論、各論として産業構造、産業集積、地域経済、IT化・グローバル経済化、中小企業政策等、各視点から分析・考察するもの

である。

　本書の執筆者は、いずれも「中小企業研究会（旧大阪産業史研究会）」のメンバーである。同研究会は、1994年に内田勝敏先生（同志社大学名誉教授）を会長として、大阪府立産業開発研究所（旧大阪府立商工経済研究所）にかつて職を得ていたメンバーによって発足した。当時、中小企業研究のみならず、地域経済、大阪産業等の調査研究においても、すでに顕著に進展しつつあった「経済の国際化」、「グローバル経済化」は重要な研究領域の一つであった。そうした折、国際経済論の権威でもある内田先生には1990年から約4年間、同研究所・所長に就任されていたご縁による。

　研究会は、その源流となった旧大阪府立商工経済研究所の「徹底した実証主義に基づく科学的調査研究」を継承し、自由闊達な議論により、相互に触発し合うことを旨として研究活動を進めてきた。その研究成果として、これまで『国際化と地域経済』（世界思想社、1996年）、『グローバル経済と中小企業』（世界思想社、2002年）、『現代中小企業論』（同友館、2009年）、『現代中小企業論〔増補版〕』（同友館、2011年）等を上梓することができた。こうした研究活動には、研究所時代からの同志である上野紘先生（奈良県立大学名誉教授）、村杜隆先生（福山平成大学名誉教授）、近藤和明先生（広島修道大学名誉教授）等の貢献も忘れることはできない。

　この間、2015年まで21年間にわたり本研究会を会長として主導して下さった内田先生が2017年12月14日逝去された。

　研究会メンバーとして、ここに我々の研究成果をまとめ、内田先生のご霊前に捧げることにより、心よりご冥福をお祈りし、深い哀悼の意を表したい。

　執筆メンバーは、日頃各々の所属・勤務先において、経済学・経営学・商学・社会学等の学問的基盤に立ち、中小企業、地域経済等に関して実証主義に基づく理論的、歴史的、政策的研究を行い、それぞれの専門分野から中小企業、同関連分野の研究を深めてきた。相互の研究交流の場として研究会のみならず、

学会等を通じて、共同研究、相互啓発、切磋琢磨等を行っている。

　また、本書編集にあたっては編者3人が全章の草稿に目を通し、相互に意見交換しつつ、検討を重ねてきた。

　こうして、本書はこれまでの研究成果・蓄積をもととして、さらなる中小企業研究の体系的研究への序説にと考えている。

　最後に、出版情勢厳しい折から、本書出版を快諾して下さった株式会社同友館代表取締役社長・脇坂康弘氏、さらに編集にあたって多大のご尽力を頂いた同社出版部次長・佐藤文彦氏に深く感謝申し上げたい。

2019 年 7 月小暑

編者を代表して

髙田　亮爾

目　次

第 1 章
中小企業研究の歴史と展開

髙田亮爾

1. はじめに

　国民経済の基盤をなす中小企業への関心は時代を超えて、きわめて高い。現代日本においても、さまざまな視点から中小企業に対する関心、注目が集まっている。

　こうした傾向は、日本のみならず、欧米諸国、アジア諸国等、諸外国においても同様であり、近年ますます中小企業に対する関心が高い。それはまた、中小企業に対する、さまざまな期待の現れでもある。

　このように中小企業への関心、注目が集まるのは、およそ次のような理由によるものと思われる。

　第1に、中小企業は国民経済において、多面的役割・貢献を果たしており、いわば国民経済発展の礎ともいえる存在であることがあげられる。いうまでもなく、中小企業は経済的役割にとどまらず、広く社会的役割も果たしている。後述するように、日本経済の発展過程においても、中小企業は重要な役割・貢献を果たしてきた。

　第2に、量的にみても、現在日本における中小企業は非一次産業のうち、企業数で99.7％（2014年）、従業者数で70.1％（同）を占めており（中小企業庁編（2018）、p.476、p.480）、きわめて高い比重にある。こうした状況は、わが国のみならず、諸外国においてもほぼ同様の傾向にある。

　第3に、第二次世界大戦後の日本経済発展過程をみても、高度経済成長期、低成長期、バブル崩壊期以降の長期的低迷、グローバル経済、IT（ICT）化の進展等、日本経済の構造変化の中で、中小企業の構造変化も顕著に進んできた。具体的に、さまざまな要因によって、中小企業の発展と停滞は現象化してきた。このような中小企業の発展と停滞は、中小企業の「明と暗」ともいえる側面として、多くの耳目を引く一因でもあった。

　すなわち、国民経済における中小企業の質的、量的重要性が大きいにもかかわらず、他方で中小企業が持つ問題性は現在も決して小さくはない。中小企業

をめぐる問題性は歴史的、経済的発展段階、あるいはまた経済社会の構造的相違によって異なると考えられる。したがって、その問題性のあらわれ方は異なるものの、問題の要因・条件は中小企業の外部的要因・条件と内部的要因・条件に大別でき（瀧澤（1996）、pp.30-33）、同時にこれら諸要因・諸条件は相互規定的に深く関連していると考えられる。ここに、「企業一般」から「中小企業」を分離し、論究する意義がある。

　本章では、中小企業研究の意義として経済発展に果たす中小企業の役割・貢献の重要性をレビューするとともに、日本の中小企業研究の歴史と展開、中小企業研究の基本的視座を概観・検討し、今後の方向と課題を考察したい。

2.　経済発展と中小企業—中小企業研究の意義—

（1）中小企業の重要性と多様な役割・貢献

　中小企業は量的地位が高いのみならず、その質的重要性も高い。たとえば、日本経済発展における中小企業の役割を経済的側面からみると、およそ次のように整理できる。

　第1に、日本の産業は第二次世界大戦後の復興期から、高度経済成長期、さらには低成長期へと推移するなかで、中心となる産業、業種も変化し、高度化を果たしてきた。こうした状況下で、中小企業もまた、産業構造高度化への積極的対応を図りつつ、その担い手として貢献してきた。近年では、経済のグローバル化、技術革新や情報技術（IT）化への対応も進展し、日本経済の発展を支えつつある。もちろん、この間、激しい競争のもとで業種間、規模間、企業間の浮沈、とくに企業間格差拡大が不可避的に生じてきた。

　第2に、中小企業は経済発展各段階に応じた国民の消費生活向上に寄与し、消費需要の多様化、個性化、高級化などに弾力的な対応を図りつつ、より豊かな国民生活の実現に貢献してきた。

　第3に、大企業との関連における、さまざまな役割、貢献があげられる。そ

の1は、大企業の補完的分野における役割として、①下請・系列企業としての役割、②大企業の非供給的分野の供給企業としての役割等があげられる。その2は、大企業との競争的分野における市場競争メカニズムの活性化への貢献としての存在、大企業との間の拮抗力としての存在、優れた市場成果を生む役割等があげられる。

とりわけ、下請企業は日本経済の発展に伴い、親企業との生産分業関係を次第に深化させてきたが、この有機的生産連関が、わが国産業の高い生産性と強い国際競争力、経済環境変化への優れた適応力を達成してゆくうえで、重要な役割を果たしてきた。しかし、他方で不公正取引問題等の負の側面を伴うこともあったことは否定しえない課題となってきた。

第4に、中小企業は日本経済の活力を維持し、活性化する源泉として、発展が期待される産業の苗床となり、成長性の高い企業を輩出してきた。とくに、成長性の高い中小企業として研究・技術開発力の優れたベンチャー企業が注目されてきた。こうした企業は新技術開発に伴う、新しい事業機会、能力発揮の場として、経済社会活性化への貢献がみられた。いわば、産業・経済への革新（イノベーション）としての役割・貢献である。

また、後述するように、近年では社会問題に対応した社会的企業（ソーシャル・ビジネス）、ソーシャル・イノベーション、社会起業家など、起業・企業の原点を体現する社会貢献の側面（社会性）も注目される。

もちろん、ここでも発展する中小企業の一方で、倒産、廃業ないし経営難に陥る中小企業も少なくなかった。まさに、開業、廃業の構造変動を伴う不安定要因下での構造変動であり、それを通じての経済社会発展への貢献であった。

第5に、地域経済に大きな位置を占める中小企業の役割があげられる。すなわち、関連産業の生成・発展、地方財政への寄与、地域所得水準の向上、就業・雇用機会の提供等を通じて、中小企業の持つ地域経済社会の自律的発展への貢献が重要性を増しつつある。

その典型として、地場（産地）産業があげられる。これら産業では原材料や労働力など、地元の諸資源を活用し、地域に根ざした経済、経営活動を行う中

で、社会的分業による関連産業の育成、地方財政への寄与、就業・雇用機会の提供など、地域経済活力の一つの源泉として、地域経済基盤の確立・向上へ貢献し、地域における重要な役割を果たしてきた。近年では産業集積、商業集積における地域経済活性化の中核的牽引者として、地域社会に貢献する側面が注目されている。

　第6に、とくに中小企業の就業・雇用機会の提供という役割は特筆されるべきであろう。第二次世界大戦後の日本経済復興期における就業・雇用機会の提供、さらに近年の低経済成長期、労働力需給緩和期における就業・雇用機会の提供、雇用吸収という役割は大きく評価される。

　第7に、日本経済の国際経済発展に果たす役割における中小企業の貢献があげられる。第二次世界大戦後まもなく、外貨不足の時期から、高度成長期に至るまで、輸出中小企業が外貨獲得に貢献し、その後は機械工業を主とした大企業の関連下請企業が間接的に輸出に貢献してきた。

　また一方では、合理化、省力化によるコストダウン、技術水準の高度化、生産品目の転換、製品の高付加価値化、高加工度化等により、国際競争力の強化を図り、市場の多角化、内外市場における製品差別化など、中進工業国、発展途上国との国際分業を進め、中小企業性製品の輸入増に適応してきた。

　さらに、1970年代以降、海外投資や技術移転等を通じて、日本の国際経済協力の面でも、大きな役割を果たしてきた。中小企業の発展途上国への海外投資は、資本、技術の移転、雇用機会の創出、関連産業の育成などを通じて、進出先国における多面的な経済効果を有し、投資先国の経済発展に資するところも大きい。とりわけ、中小企業の海外投資は、その保有技術が進出先国の産業の技術水準に適合する中間技術等の場合が多く、海外投資を通じて、その技術移転に大きく貢献し、国際経済協力への役割を有してきた。

　以上のように、中小企業は日本経済の発展のみならず、国際経済発展においても多面的役割・貢献を果たしてきた。

（2）中小企業の特質と課題

　国民経済において量的、質的重要性の高い中小企業であるが、企業規模が相対的に小さい中小企業は一般的に資本、技術面の参入障壁も低く、したがって激しい競争原理のもとにあることが多い。さらに、資本規模が小さいことによる経営不安定性、資金調達の困難性、人材確保や人材育成の困難性等の問題を有しがちである。

　しかし、他方で、経済・経営環境変化に弾力的に対応できる「小回りのよさ」（適応性）、さらには前述のようにイノベーション（革新）や経済活性化の担い手として、あるいは地域経済の中核的牽引者として、積極的な役割が注目され、期待されている。現代では、中小企業に対する評価も、より積極的評価への傾斜も進んできた。

　以上のように、中小企業が有する一般的な特質・特徴があげられるが、マクロ経済面からみても、わが国中小企業をめぐる現代的課題は多く、中でも重要なものとして、次の点があげられる。

　第1に、中小企業（非一次産業）の開業率、廃業率をみると、1980年代央以降、開業率が廃業率を下回る傾向が続いている[1]。こうしたことから、全企業数、中小企業数ともに減少傾向にあり、中小企業数は2009年約420.1万から、2014年には380.9万へと5年間で40万近く減少し、減少率9.3%となっている。このうち、とくに小規模企業数は同期間に366.5万から325.2万へと41万減少しており、減少率11.3%をみている（中小企業庁編（2018）、p.476）。

　第2に、こうした開業率の相対的低下、企業数の減少は日本経済の弱体化懸念に繋がる。後述のように、個々の中小企業にとってはやむを得ない合理的な経済行動選択であるとしても、日本経済全体にとっては大きな課題となっている。

　このように、中小企業が有する特質を活かしつつ、他方で中小企業をめぐる諸問題を克服していくことが、現代経済社会にとっても、きわめて重要な課題といえる。

3. 日本中小企業研究の歴史と展開

(1) 草創期の中小企業研究

　ここでは、限られた紙幅ではあるが、日本の中小企業研究のおよその潮流を概観したい。中小企業をめぐる問題は、明治初期における在来産業問題、明治後期の小工業問題など、早くから認識され、日本における中小企業研究の歴史も、およそ 100 年になる。たとえば、学界においても社会政策学会の第 11 回年次大会報告として、1918（大正 7）年に社会政策学会編『小工業問題』（社会政策学会編纂第 11 編、同文舘）が刊行されている。

　そうした中で中小企業の組織的・専門的研究の嚆矢となったのは、日本学術振興会第 23（中小工業）小委員会であった。同委員会は、1938（昭和 13）年 10 月、上田貞次郎氏の主張に基づき、中小工業に関する基本的および時局的諸問題を研究することを目的として設置されたものである。この委員会では、基本的研究について中小工業の分布、存立条件、存立形態、金融問題、労働力等が研究対象とされ、時局的問題として時局の中小工業に及ぼした影響、対策等が各々研究対象とされた。さらに、海外の中小工業研究として、ドイツの中小工業（手工業）制度の紹介研究などが進められた。

　この日本学術振興会第 23 小委員会ではきわめて精力的な研究が進められ、その研究成果として、1941（昭和 16）年から 46（昭和 21）年にかけて、計 10 巻の書が刊行されている [2]。なかでも、日本資本主義の構造的特質と中小工業の存立形態の分析・考察、すなわち下請制に関する分析・考察が中核であった。その代表的研究成果が小宮山琢二の「存立形態論」、藤田敬三の「下請制工業論」であり、藤田・小宮山論争である。

　すでに下請制の萌芽は、1897（明治 30）年前後の桐生、足利地方における下請機構による機織業において顕著にみられた（藤田（1943）、pp.18-19：横山（1899）、pp.93-128）。さらに、明治末期（1911 年）から大正年代（1912 〜 1925 年）にかけて、遠州、川越、知多、福井地方の織物産地において、力織

機化による中規模織布工場の下請的賃織化が現出し、満州事変後の下請盛行の前兆となった（藤田（1943）、pp.18-19）。大正年代後期には商業資本的工業生産介入、問屋を元方とする下請工業が進展し、これに商業資本も大きな関心を持つこととなる。さらに、金融恐慌（1927（昭和2）年）、大恐慌（1929（昭和4）年）を契機とする大工場元方の主導する日本下請工業の急速な展開をみていた（藤田（1943）、pp.20-21）。

戦時期にかけて、さらに下請制が広範に捉えられるようになったことを背景として、戦時体制期（1937（昭和12）年7月の日華事変勃発から1945（昭和20）年8月の第二次世界大戦終了まで）に、中小企業（中小工業）に関する研究が本質論的研究へと進むこととなった。それが日本資本主義の構造的特質と中小工業の存立形態の分析・考察、すなわち「下請制」に関する分析・考察であった。

小宮山琢二（1941）は、中小工業問題を「工業生産上の問題」と捉え、その物質的構造ないし条件において提起されるべきとし、広汎な低賃金労働力編成の社会的経済的性格と歴史的条件を明らかにすることにあると主張した（小宮山（1941））。

これに対して、藤田敬三（1943）は、生産形態の発展段階と生産形態を支配するものの支配の諸形態の発展段階を明確に区別し、両者の関係を明らかにする過程において、下請制の本質が解明されるとした（藤田（1943））。

当時、下請制に関する藤田・小宮山両説を中心に、多くの先学が優れた研究成果を残してきた。こうした研究蓄積ののち、日本資本主義の「構造変化」が問題となる第二次世界大戦後において、再び「系列化」をめぐって論争が再燃されることとなる。

第二次世界大戦後における、主な中小企業研究は、戦前、戦時中の議論を継承し、戦後中小企業研究の嚆矢となった国民経済構造論はじめ、多くの議論が展開されてきた。その中心は、やはり下請問題を系譜とする企業間関係に関するものであったといえる。

次に、こうした企業間関係を中心とする中小企業研究の歴史を概観・考察し

よう。

（2）中小企業研究の歴史と展開

　第二次世界大戦後において、戦前からの研究の延長上に「分離理解的な諸傾向に対して、中小工業の体系化」（山中（1948）、p.1）を試み、国民経済構造論ともいうべき中小企業論を展開したのが山中篤太郎（1948）であった。

　ここでは、中小工業群を多元的一体と規定し、その理解は概念形成の基本に遡り、単に中とか小とかではなく、「問題性」そのものの意識化によるとされた（山中（1948）、p.1）。そして、「中小工業は、同質的一体であると云うよりは、異質的な群であり、一元的であるよりは、多元的なのである。我々が、中小工業と目するものは、如上の諸規定を、何等かの組み合わせで具有するものの総体」（山中（1948）、p.30）とした。このため、「中小工業が、多正面的にして、而も一正面的なる所以は、中小工業そのものの内面から滲み出るというよりは、その外側から、謂わば、消極的に作用されて然うなる」のであり、その外側とは、「現在の経済機構の中心的原動力となって、これを動かして行く資本主義原則である。資本が生成し、展開し、その法則の行わるる『場』である」（山中（1948）、p.31）とした。

　したがって、中小工業とは「資本主義原則の行わるる面によって囲繞され、これによって、受動的に動かされている広汎にして雑軍的なる存在、これが中小工業なのである。・・・所謂、従属性が重視されるべきは、かかる点から見て明らかであろう」（山中（1948）、p.31）とする。その結果、中小工業問題を「学問の内部で行われる小工業の意識化は、資本制大規模利益展開の歩みにふれて競争淘汰されて行く『問題』的存在としての意識化である」（山中（1948）、p.41）と捉え、それは「『中小工業とは何か』の把握の方法の第一歩に立ち戻って考えることが与えられた経路でなければならない」（山中（1948）、p.39）とした。

　こうしたことから「大規模展開と中小工業とを異なった次元の中に別々に理解することでなく、大規模展開の把握そのものの中に中小工業を全く同じく把握し、或いは逆に中小工業把握は、同時に大工業把握の方法たるが如き道を求

めるにある」（山中（1948）、p.53）とし、「問題のより重要な意義は抽象的な大小経営的優劣にはない。両者の相互関係を規定するより広い経済的地盤こそが問題の所在する『場』なのである。・・・従って、かかる場こそが究明さるべき問題の所在地なのである」（山中（1948）、p.55）とした。

中小工業は、「その問題性に於いて国民経済の経営的構造の面で歴史的隷属性の形式の中に総合理解されるべきもの」（山中（1948）、p.57）とし、明治時代以降の日本資本主義国民経済構造の展開を日本産業革命過程、日本資本主義「合理化過程」、戦争統制経済過程の三段階に分け、日本中小工業問題と中小工業政策を論じた。

このように、山中（1948）は、第1に中小企業の問題性を国民経済構造の視点から捉えようとし、それまでの中小企業研究の視点になかった分析・考察を行い、中小企業研究に新たな地平を拓いた。この結果、第2に従属形態にある中小企業のみならず、独立形態にある中小企業も問題性を持つと捉えた。こうした視点は、その後の中小企業研究において、きわめて重要な基本的視座となった。

第二次世界大戦後、日本の大企業は先進工業国から積極的な技術導入を図り、もって技術水準の向上を企図したが、その過程で関連中小企業、下請中小企業の技術水準の低さが隘路（あいろ）となった。そのため、1952（昭和27）年頃から、大企業は選別した関連中小企業、下請中小企業への技術指導、資金援助、経営管理指導等を行い、その積極的育成・指導を進めた。こうした「系列化」「下請系列」「企業系列」現象をどのように考えるべきかで、系列化論争が行われることとなる。

そこでは、「企業系列の本質を明らかにするためには、下請制の本質を究明しなければならなく、これを明確にするためには、さらに問屋制との関連を究明しなければならない」（稲葉（1969）、p.227；（1973）、p.259）ことから、下請制把握もまた再び問題となった。

このような系列化論争は、大企業と中小企業の企業間関係問題であり、また大企業と中小企業の技術水準格差をはじめとした、さまざまな格差問題とも関

連した。このことは、別の側面から日本経済の構造的問題として、まもなく「二重構造問題」として論議されることとなる。

　二重構造問題は、一国の経済構造の内部において近代的部門（産業）と前近代的部門（産業）とが併存している状態を観察し、かねて有澤廣巳によって指摘された（有澤（1937））。その後、さらに経済企画庁編『経済白書』（昭和 32年度版）において、より詳細に把握・分析されたものであり、これを契機に広く、多くの論議が行われることとなった。非近代的領域の発展の遅滞が近代的領域自体の一層の発展に対する制約になるという問題は、①一方では所得格差の拡大に基づく社会的緊張の激化の可能性であり、②他方では、大企業における技術革新の進行に対する中小企業技術の適応の遅れ（川口（1962）、p.7）、換言すれば大企業の競争力の桎梏になる可能性であった。

　この二重構造に関する議論は、中小企業研究に大きな意義を有するものであった。その意義は、およそ次の 3 点に集約されよう。第 1 に、二重構造論に関する議論は広く日本経済に関する問題として分析・論究されたことから、中小企業研究の視点からのみならず、日本経済論等の幅広い視点から論究・考察されたこと、すなわち日本経済における中小企業の構造的把握が本格的に進められたこと等があげられる。その影響もあって、第 2 に、それまでの中小企業研究の多くがマルクス経済学の視角から論じられることが多かったのに対して [3]、二重構造論では近代経済学の視角からの論究も多くなされ、中小企業問題と関連し、日本経済の現状分析、構造分析等が活発になされたことである。その結果、第 3 に、中小企業研究においても近代経済学、マルクス経済学双方からの共通の論究の土壌が形成される契機になるとともに、理論的、歴史的、政策的研究が本格化したことがあげられよう。このような中小企業研究における意義は、その後の研究の発展にきわめて積極的・重要な意義を与えるものとして、中小企業研究史上に位置づけられる。

　その後、1960 年代には、二重構造論とも関連し、日本における中小企業問題や企業間関係について、はじめから特殊日本的な問題とみることをせず、資本主義経済発展の理論的考察の中で、一般性と特殊性を析出しようとする研究

アプローチが行われはじめた。

　さらに、1960 年代以降、日本経済の高度経済成長過程を経る中で、中小企業の技術水準向上、中堅企業の輩出等が進展し、中小企業に対する見方も多様化しはじめた。とくに、問題性視点からとりあげられることが多かった下請・系列関係についても、1970 年代ないし 80 年代以降、自動車工業や家庭電器工業（とくに民生用電子機器工業）等を中心に、その国際競争力の根源の一つに豊富な裾野産業としての中小企業の存在や日本型企業間関係における効率性の分析が重要視されはじめた。

　こうした立論は、通常「積極評価型中小企業観」（瀧澤（1992）、pp.3-21）あるいは「効率性評価論」（渡辺（1997）、pp.20-32）といわれる議論である。これには、およそ「専門加工企業評価論」、「準垂直的統合論」、「所有なきコントロール論」、「関係的技能の適応・進化論」等が含まれる。

　しかし、他方では、依然として中小企業の企業間関係において、その問題性の重要性を指摘する論考も少なくなかった。

　瀧澤菊太郎（1996）は、「中小企業をどのように認識するか」を主要な視点として、「中小企業とは何か」、「中小企業問題とは何か」を問い、その認識視点を主な座標軸として分類・整理する中で、現在の中小企業研究の視点の到達点を考察している（瀧澤（1996））。すなわち、「中小企業とは何か」を歴史的・国際的視点から、統一的・体系的な理解を主張し、「中小企業の認識の必要性」に基づく「認識型中小企業本質論」を措定した。

　この認識型中小企業本質論を大きく 2 つに分類し、①問題型中小企業認識論＝中小企業が持っている問題を重視する見解、②貢献型中小企業認識論＝中小企業が経済・社会において果たす役割・貢献を重視する見解に区分する。

　問題型中小企業認識論は、「中小企業が大企業でないために生じる問題」を持つことに着目し、そうした問題を持つからこそ、大企業と区別して「中小企業」を認識・研究し、政策を考える必要性があるとする。この中を（ⅰ）淘汰問題型中小企業認識論、（ⅱ）残存問題型中小企業認識論、（ⅲ）格差問題型中小企業認識論の 3 つに区分し、歴史的に「淘汰問題型」から「残存問題型」へ、

さらに「格差問題型」へと重点が移行してきたとする。

貢献型中小企業認識論は、中小企業が経済・社会において果たす役割・貢献に着目し、中小企業だけが果たし得うる役割・貢献が存在しうるからこそ、大企業と区別して中小企業を認識・研究し、政策を考える必要があるとする。ここには、（ⅰ）開発貢献型、（ⅱ）需要貢献型、（ⅲ）競争貢献型、（ⅳ）苗床貢献型等が区分される。

瀧澤（1996）は、現在の日本中小企業研究では「格差問題型中小企業認識論」が根強くみられると同時に、他方で「需要貢献型」や「競争貢献型」に近い中小企業認識論の影響力が強まり、また「苗床貢献型」や「開発貢献型」の中小企業認識論の台頭もみられるなど、これら見解が混在しているとした（瀧澤（1996））。

ここで留意せねばならない点は、中小企業が大企業でないために生じる問題を有していることと、中小企業だけが果たしうる役割・貢献を有していることとは必ずしも相矛盾する視点ではないということである。むしろ、「中小企業だけが果たしうる役割・貢献を有している」にもかかわらず、「中小企業が大企業でないために生じる問題を有している」故に、十分な機能を発揮しえないという視点が重要である。すなわち、両視点は相互補完的であり、換言すれば問題型中小企業認識論と貢献型中小企業認識論とを統一的に把握・論じる視点が重要となる。

現在では、こうした中小企業が持つ効率性、問題性を統一的に把握すべきとする見方も強くなってきた[4]。

ところで、1980 年代央以降、我が国では小零細企業数の減少が進んでいる。このため、1990 年代以降、長期停滞下の日本経済に創業（起業）、新規開業企業の市場参入に大きな期待がかけられてきた。旺盛な新規開業企業の市場参入が日本経済発展、日本経済再生へ大きく貢献するものとみられてきたからである。

具体的に、それは第1に競争の促進による経済の活性化、第2に革新的技術や新事業・新産業の創出によるイノベーション促進、第3に雇用機会の創出、第4に自己実現の場の提供等である。とりわけ、ベンチャー企業の持つ革新的

役割（イノベーション）に大きな期待が集まってきたといっても過言ではない。

　開業率、廃業率の長期的傾向をみると、高度経済成長期の 1970 年代後半までは活発な新規企業の参入（高い開業率）がみられ、廃業率を上回る水準を維持し、日本経済発展・活力の一源泉になってきた。

　しかし、1980 年代央から 90 年代初にかけて開業率が廃業率を下回りはじめ（事業所数、企業数ともに）、その結果、80 年代央以降、非一次産業計の企業数が減少してきた。とくに小零細層の絶対数減少が著しい（中小企業庁編（2018）、p.476, pp.507-509）。

　こうした状況下で、新規開業に関する研究が進んできた。新規開業を制約している経済環境要因として、実質経済成長率の低下というマクロ経済的要因、自営業収入の被雇用者収入との比較における相対的優位性の低下、就業・雇用形態の多様化による就業機会多様化等が影響していると考えられる。

　また、新規開業の主体的要因として、初期資本投資のための流動性制約の強まり、並びに新規参入に必要な経営諸資源の高度化が進み、市場への新規参入が容易ではなくなりつつあること等が指摘できる [5]。

　政策面でも大きな潮流変化をみた。すなわち、1980 年代以降、世界的に新自由主義の考え方が経済政策に大きな位置を占めるようになり、我が国においても、とくにバブル崩壊以降、経済政策、産業政策の中軸となってきた。それは規制緩和、構造改革等の政策として具体化してきたが、中小企業政策においても例外ではなく、1999 年の新中小企業基本法制定への原動力となった。

　1963 年に制定された旧中小企業基本法では政策目標の主軸が大企業・中小企業間格差是正にあったが、1999 年新中小企業基本法では中小企業こそが我が国経済の活力の維持及び強化に積極的な役割が期待される存在と位置づけられ、「独立した中小企業者の自主的な努力が助長され」ることを旨とし、「経営の革新及び創業が促進され」、「経営基盤が強化され」、「並びに経済的社会的環境の変化への適応が円滑化される」（中小企業庁編（2000））ことが主な政策理念となった。新基本法では、新たな中小企業政策目標として、格差の存在自体は是認したうえで、「多様で活力ある独立した中小企業者」の育成・発展を政

策目標とし、中小企業の経営革新と創業が基本政策に重要な位置を占めることとなった。こうして、新基本法では第 1 に中小企業観の転換・相違、第 2 に政策目的の転換、第 3 に政策手段（施策）の転換等が図られた。

　研究界においても、このような中小企業基本法改定に伴う中小企業政策転換に関して、多くの論究がなされてきた。そこでは旧中小企業基本法のみならず、中小企業政策の出発点となった「独占禁止法」（1947 年）、「中小企業庁設置法」（1948 年）にまで遡及しつつ、そもそも「中小企業政策とは何か」、「中小企業に対する公共政策は如何にあるべきか」等、最も根源的な問いかけがなされてきた。

　中小企業を分析する視点は、例えば企業間関係においても、従来の大企業・中小企業間関係のみならず、中小企業間関係の研究も進んできた。かねて、多くの研究蓄積を重ねてきた産地研究、産業集積研究等の分野のみならず、連結の経済性に基づく柔軟な専門化分業体制、中小企業のネットワーク、企業間連携等の研究が広がり、深化をみてきた。さらに、こうした文脈のもとで 2000 年代に入り、産業クラスター論等も盛んとなる。そこでは、従来の産業集積の変容と地域イノベーション・システム、オープン・イノベーション等、中小企業とイノベーションに関する研究も進み、地域・産業集積とイノベーションという研究視角も多くなってきた。これには、経営戦略論の視点からシナジー効果によるイノベーションを重視した M.E. ポーターの「クラスター(cluster)論」（Porter（1990）：(1998)）、「地域産業システム」概念を提示した A. サクセニアン（Saxenian（1994））等の影響が大きかった。

　さらに、中小企業が持つイノベーション機能という点では、2000 年代に入り、社会問題の解決・克服を目的とした社会的企業（ソーシャル・ビジネス）、ソーシャル・イノベーション、社会起業家等への関心と論究も進んできた。今後一層、実証性に基づきつつ、理論的・政策的研究が期待されるところである。

　他方、中小企業の実態をみると、2010 年代においても小零細企業数の減少に歯止めがかかっていない（中小企業庁編（2018）、pp.29-31）。こうしたことから、1990 年代末以降、2000 年代に入り、創業支援、新規開業促進等を通じ

た「開業」のみならず、「廃業」問題や廃業率の高さから「後継者難」、「事業承継」等も重要な研究論点となってきた。その背景には、例えば製造業における後継者難、技能承継問題、商店街における「シャッター通り」と揶揄される廃業問題等があった。いずれも少子高齢化問題とも関連し、経営者の高齢化、事業承継が深刻な問題として、重要な研究課題となってきた。

政策面においても、1999年の新「中小企業基本法」を補完するように、2014年「小規模企業振興基本法」が制定され、小規模企業への関心、政策的重要性が高まっている。

もとより、「異質多元的」中小企業の存在形態・状況は多種多様であり、多岐化している。それだけに、綿密な実態解明が不可欠であると同時に、学際的分析研究に基づく理論的・歴史的・政策的考察が一層重要性を増してきた。

4. 中小企業研究の基本的視座

前述のように、日本における中小企業研究の展開は主として企業間関係を軸とした視点から行われてきた歴史的経緯がある。それは、国民経済において、公正な競争秩序のもとで、中小企業が有する特質が活かされ、経済厚生・効率性の向上が図られるべく、条件整備を行っていくことがきわめて重要と認識されてきたからである。

こうしたことを念頭におきつつ、以下では中小企業研究における基本的視座ともいうべき、3つの点について考察したい。

第1の視座は「経済性と社会性」についてである。一般的に、資本主義経済の現状は行き過ぎた市場経済や格差拡大等、「市場の失敗」に対する補正政策、制度設計等を模索せねばならない状況にあるとみられる。もとより、企業（enterprise）とは財・サービスの生産・供給等の経済機能の達成を基軸にして形成された協働体系（熊谷・篠原（2001）、p.117）である。その中で資本主義企業をみれば、さまざまな生産要素を使用し、財・サービスを生産・供給し、

利潤獲得を目的とする単位組織（熊谷・篠原（2001）、p.117）といえる。

他方、企業は社会的存在であり、社会的公器の役割を担い、利害関係者（stake holder）とともに、その活動、成果を通じて社会に貢献するという、重要な社会的使命、社会的責任（CSR）を担っている[6]。P.F. ドラッカーは、さまざまな分野を総合的・学際的に研究し、近年ますます先鋭化する現代合理主義からポストモダンを俯瞰するなかで、企業とは営利組織ではなく、社会の機関であり、その目的は社会にあって顧客を創造すること（Drucker（1974）、上田編訳（2010）、pp.14-16）と論じる[7]。換言すれば、企業は社会的使命を果たすことこそ、その目的であると喝破する。

企業の基本的目的としての経済性・営利性は重視されつつも、起業・企業の原点である社会性が看過されてはならず、また両者は相矛盾するものでもない。企業が経済性・営利性視点に偏重しすぎた際には、企業経営のさまざまな側面において問題が生じることが多い。企業規模の大小を問わず、企業が有する社会性は起業・企業における原点として通底すべき基本的視座であり、いうまでもなく中小企業研究においても、こうした基本的視座が重要であることを改めて想起したい。

第2は、理論と現実（実証）の往復についてである。山中篤太郎が「中小工業は異質的であり、多元的でありとはしつゝ、尚ほ且内面的統一的把握の道は拒否されて可なりとし得る雑多な対象なのであらうか」（山中（1948）、p.32）と論じたように、異質多元的な中小企業が有する問題、課題は多種多様であるものの、他方で中小企業は国民経済構造の中で一体的・統一的に捉える視座が重要である。

このため、中小企業研究は常に現実を直視した具体的・客観的分析、実証研究が必須であるものの、他方で現実に埋没して全体の方向性を見失うことがないように、理論的枠組みの考察、再検討が不可欠である。すなわち、理論と実証を往復する分析考察がきわめて重要な視座となる。

第3は、以上と関連して、社会科学としての経済学、経営学、商学、社会学、法学等からのアプローチ、考察についてである。すなわち、中小企業研究は、

およそ①個別経済主体としての中小企業経営のあり方についての視点、②中小企業間連携、ネットワーク等の視点、③個別中小企業の自助努力、中小企業間連携等だけでは克服・解決しがたい中小企業問題に対する政策面からの分析・考察視点等に分けることができる。

　政策面からの分析・考察（政策的研究）は中小企業政策のみならず、広く経済政策、産業政策、地域政策等とも関連しつつ進められる必要がある。同時に、政策的研究は中小企業研究における「理論、歴史、政策」の重要な柱の一つと位置づけられる。

5. 結び－今後の方向と課題－

　上述のように、経済発展に果たす中小企業の役割・貢献は、きわめて大きい。いまや、現代経済における「活力ある多数派（vital majority）」として、経済社会における中小企業の役割は一層大きくなっている。それだけに、市場経済を前提としつつ、本来、中小企業が有する機能・役割を国民経済の中で十分発揮し、経済社会への貢献を期待してゆくためには、個々の中小企業の自助努力、中小企業間連携等のみでは克服、解決が困難な課題も多く、中小企業活動にとって必要な経済・経営環境条件整備、適切な政策が望まれる。そのため、中小企業政策等においても、セイフティネットを備えつつ、公正な競争条件を維持・確保する条件整備がきわめて重要不可欠となる。

　もとより、市場競争においては市場の構造、行動、成果の三側面の分析・考察から、市場組織による資源配分において、独占・寡占等が不公正な取引方法などの競争制限的行為を行う可能性が否定しえない。競争が結果として競争制限的行動（不完全競争）を生むという矛盾の可能性である。

　独占禁止法第1条では、「公正且つ自由な競争を促進し、事業者の創意を発揮させ、事業活動を盛んにし、雇傭及び国民実所得の水準を高め、以て、一般消費者の利益を確保するとともに、国民経済の民主的で健全な発達を促進する

ことを目的とする」と規定している。こうした「公正且つ自由な競争を促進する」ため、「私的独占、不当な取引制限及び不公正な取引方法を禁止し、事業支配力の過度の集中を防止して、結合、協定等の方法による生産、販売、価格、技術等の不当な制限その他一切の事業活動の不当な拘束を排除すること」（同法、第1条）によって実現しようとしている。

　ここで不公正な取引方法とは、公正な競争を阻害するおそれのある行為であり、共同の取引拒絶（共同ボイコット）、再販売価格の拘束、排他条件付取引、抱き合わせ販売、不当廉売、優越的地位の濫用、競争者に対する取引妨害などが相当する（菅久（2002））。とくに、中小企業問題との関連において、優越的地位の濫用が問題化することが多い。このため、公正な市場競争条件下での効率性追求という、効率と公正の絶えざる政策的視点が求められる。

　社会科学は歴史的実証科学であり、理論が現実の洞察のうえに展開され、同時に現実は理論によって分析、解明されねばならず、さらに歴史的、政策的視点からも関連付けられて考察されることが必要である。すなわち、理論、歴史、政策の三位一体的研究が不可欠となる。経済学、経営学、商学、社会学、法学等の応用分野である中小企業研究においても実証性に基づきつつ、理論、歴史、政策の3つの柱が関連付けられながら、統一的・体系的に把握・展開され、論究されることが重要である[8]。

【注記】

(1)「開業率」、「廃業率」の統計的把握は困難である。これまで計測方法が異なる、次の3つのデータが主に用いられてきた。
　第1は、従来から一般的に用いられてきた、総務省編『事業所・企業統計調査』（2006年を最後に、その後『経済センサス』に統合された）、総務省・経済産業省編『経済センサス-基礎調査』、『経済センサス-活動調査』（中小企業庁再編加工・試算）によるものである。その開廃業率の定義は「新規に開設・廃業された企業数÷期首に既に存在していた企業数×100」である。これによると、1986年以降、開業率が廃業率を下回っている。なお、2002年3月改定の日本標準産業分類において、一次・非一次産業をまたがる業種分類の移動が行われたため、2001〜04年以降の年平均開廃業率の算出において、期首企業数・事業所数を新分類に基づいて算出

が行われている。こうした調整後も依然として 2012 〜 14 年の間における、個人企業、会社企業の合計企業は開業率 4.6％と廃業率 6.1％を下回っている（中小企業庁編（2018）、pp.507-510）。

第 2 は、厚生労働省編『雇用保険事業年報』によるものであり、その開廃業率の定義は「当該年度に雇用関係が新規に設立した・消滅した事業所数÷前年度末の適用事業所数× 100」とされている。これによると、1981 年度以降、2002 〜 04 年度、2008 年度以外は、開業率が廃業率を上回るか、同水準となっており、2016 年度の開業率 5.6％、廃業率 3.5％となっている（中小企業庁編（2018）、p.511）。

第 3 は、法務省編『民事・訟務・人権統計年報』、国税庁編『国税庁統計年報書』によるもので、その会社開業率定義は「設立登記数÷前年の会社数× 100」、会社廃業率の定義は「会社開業率−増加率（＝（前年の会社数＋設立登記数−当該年の会社数）÷前年の会社数× 100）」である。これによると、1981 年以降、97 年、2003 年、2008 年、2010 〜 2011 年以外はいずれも開業率が廃業率を上回っており、2015 年の開業率 4.3％、廃業率 3.4％となっている（中小企業庁編（2018）、p.512）。他方で、企業数（民営、非一次産業計）は長期的に減少傾向にあり、2009 年以降 2014 年においても減少を続けている。とくに小規模企業数の減少が著しい（中小企業庁編（2018）、p.476）。

したがって、ここでは小規模企業数の減少傾向と最も整合的とみられる、第 1 の計測方法、データに依拠している。

(2) 「中小工業研究」として 3 巻、「時局と中小工業」として 6 巻、「海外中小工業研究」として 1 巻が、それぞれ刊行されている（渡辺（2008）、p.125）。なお、日本学術振興会第 23 小委員会は、その後 1948 年に日本学術振興会・産業構造・中小企業第 118 委員会となり、現在に至っている。

(3) もちろん、それまでの中小企業研究において、近代経済学の視点に立つ立論がなかったわけではない。マルクス経済学の視点からの立論に比べて数は少なかったとはいえ、すでに第二次世界大戦前ないし戦時中から、優れた論考が発表されていた。こうした傾向は、必ずしも中小企業研究分野に限ったことではなかった。

(4) 紙幅の都合により、ここで詳論できないが、詳細は髙田（2012）を参照されたい。

(5) 詳細は髙田（2012）を参照されたい。なお、日本政策金融公庫（2018）によると、2017 年度における新規開業企業の開業費用平均は 1,143 万円となっている。

(6) 企業の社会的責任（Corporate Social Responsibility）には、単に法令遵守（compliance）のみならず、企業市民として利害関係者（stake holder）との関係においても責任ある適切な対応が含まれる。

(7) こうした考え方は、日本でも古くから伝えられてきた近江商人の家訓「三方よし」（売り手よし、買い手よし、世間よし）に通じるものである。「三方よし」の思想は「企業は社会の公器」という考え方に繋がるものであり、P.F. ドラッカーの主張と軌を一にしている。

(8) 詳細は髙田（2012）を参照されたい。

【参考文献】

有澤廣巳（1937）『日本工業統制論』有斐閣。

稲葉襄（1969）『中小工業の経済理論』森山書店。

稲葉襄（1973）『中小工業の経済理論〔新訂版〕』森山書店。

川口弘（1962）「二つの日本経済論」川口弘・篠原三代平・長洲一二・宮沢健一・伊東光晴『日本経済の基礎構造』春秋社。

熊谷尚夫・篠原三代平（2001）『経済学大辞典（第 2 版）II』東洋経済新報社。

小宮山琢二（1941）『日本中小工業研究』中央公論社。

菅久修一（2002）「独占禁止政策」植草益・井手秀樹・竹中康治・堀江明子・菅久修一『現代産業組織論』NTT 出版。

髙田亮爾（2012）『現代中小企業の動態分析—理論・実証・政策—』ミネルヴァ書房。

瀧澤菊太郎（1992）「『本質論』的研究」中小企業事業団・中小企業研究所編『日本の中小企業研究（1980-1989）第 1 巻成果と課題』同友館。

瀧澤菊太郎（1996）「中小企業とは何か」小林靖雄・瀧澤菊太郎編『中小企業とは何か』有斐閣。

中小企業庁編（2000）『新中小企業基本法—改正の概要と逐条解説—』同友館。

中小企業庁編（2018）『中小企業白書（2018 年版）』日経印刷株式会社。

日本政策金融公庫総合研究所編（2108）『新規開業白書 2018 年版』佐伯出版株式会社。

藤田敬三（1943）「第一章総論」「第五章第一節大阪市機械器具工業に於ける下請制」藤田敬三編『下請制工業』有斐閣。

山中篤太郎（1948）『中小工業の本質と展開』有斐閣。

横山源之助（1899）『日本之下層社会』岩波文庫。

渡辺俊三（2008）「中小企業論研究の成果と課題」『名城論叢』第 8 巻第 4 号。

渡辺幸男（1997）『日本機械工業の社会的分業構造』有斐閣。

Saxenian, A. L.（1994）*Regional Advantage: Culture and Competition in Silicon Valley and Route 128*, Harvard University Press.（山形浩生・柏木亮二訳（2009）『現代の二都物語　なぜシリコンバレーは復活し、ボストン・ルート 128 は沈んだのか』日経 BP 社）。

Porter, M. E.（1990）*The Competitive Advantage of Nations*, The Free Press.（土岐坤・中辻萬治・小野寺武夫・戸成富美子訳（1992）『国の競争優位（上）（下）』ダイヤモンド社）。

Porter, M. E.（1998）*On Competition*, Harvard Business School Press.（竹内弘高訳（1999）『競争戦略論 I、II』ダイヤモンド社）。

Drucker, P. F.（1974）*Management: Tasks, Responsibilities, Practices*, New York, Harper & Row.（上田惇生編訳（2010）『マネジメント〔エッセンシャル版〕—基本と原則—』ダイヤモンド社）。

第2章
産業構造変化と中小企業

町田光弘

1. はじめに

　わが国製造業おける中小企業の地位は低下傾向にある。従業者 299 人以下の企業の粗付加価値額は、1980 年に全規模の 46.7％を占めていたが、2010 年には 38.2％となった（従業者 4 人以上、大阪産業経済リサーチセンター（2014）、p.10）。中小企業の相対的な縮小は、1980 年代から始まり、21 世紀に入ってからはとくに顕著である。

　こうした規模構造の変化は、大資本と中小資本との競争の結果といった供給側の変化を反映したものであろうか、それとも需要変動によるものであろうか。「資本を集積・集中した大資本が新生産手段の利用と競争上の優位性によって小資本を破滅させ、それは、その部門の標準的資本量の最低限のひきあげを通じてさらに、資本の集積・集中を刺戟する（北原（1960）、p.81）」といった規模間の「競争」の結果としての中小企業の生産縮小はいつの時代にもみられる。一方、耐久消費財や迂回生産の進展に伴う資本財への需要の高まりが中小企業に不利に働いた可能性もある。中小企業の主な存立分野は、繊維や雑貨などの軽工業だからである。

　さらに、グローバル経済化の下で、需要構造と供給構造が絡み合った状況において、中小企業が衰退していくことも考えられる。

　低賃金を存立基盤としてきた中小企業が、新興工業国の追い上げにより縮小していくという現象は、1970 年代以降、繊維や雑貨でみられ、1980 年代、90 年代の円高を契機として機械金属製品でも広範にみられるようになった。これは、中小企業と新興工業国の競争という観点では供給構造の変化であるが、圧倒的な生産コストの差の下での、国内製品に対する需要縮小とも言える。

　大企業の下請企業として部品を提供する加工組立型業種における中間財の生産は、軽工業と並んで、中小企業にとっての重要な存立分野である。しかし、グローバル化の急激な進展の下で、大企業は、安価な輸入部材への代替や生産拠点の海外への移転により国内下請中小企業への発注を減らした。これは供給

構造の変化に伴い、中小企業への需要が減少したものと捉えることができる。

　このように、製造業における中小企業の縮小要因を、需要・供給といった単一の切り口でみることは困難であるが、本章では、産業構造の変化を需要の変化に基づくものとみなし、それが中小企業の縮小に与えた影響をシフト・シェア分析によって量的に把握する。そのうえで、産業構造の変化で説明できない残余について、規模間での競争や条件の違いとして考察していく。変化をみる対象年次は、2000 ～ 2014 年である。

　以下、第 2 節では、わが国製造業の規模構造と産業構造が、それぞれどのように変化したかをみる。続く第 3 節では、規模構造の変化について、産業構造の変化要因とそれ以外の規模要因が、どれだけ影響したかをシフト・シェア分析によって量的に明らかにする。第 4 節では、規模要因について、中小企業と大企業の関係がどのように変化したかを幾つかの業種について考察する。第 5 節は、まとめである。

2. 規模構造と産業構造

（1）規模構造と変化

　中小企業は数の上で圧倒的な割合を占めている。製造業では、わが国には 2014 年に 415,296 の企業があるが、その 99.5％は中小企業とされている（「2018 年版中小企業白書」）。中小企業は、製造業の場合、資本金の額または出資の総額が 3 億円以下の会社または常時使用する従業員の数が 300 人以下の会社及び個人をいうが、4 人以上の企業に限って、従業者規模区分だけでみても、中小企業が圧倒的割合を占めることには大差ない。18 万社近くの企業の中で 98％以上が、従業者 4 ～ 299 人規模の企業である（**図表 2-1**）。しかし、生産力の面では、従業者 300 人以上企業の存在感が大きく、製造品出荷額等の 3 分の 2 を占める。以下、本章では、従業者 4 ～ 299 人規模の企業を中小企業、同 300 人以上企業を大企業として分析する。

図表 2-1　製造業の企業数、製造品出荷額等の変化

（単位：社、10 億円、%）

	企業数			製造品出荷額等			企業数	製造品出荷額等
		構成比	増加率		構成比	増加率		
全規模	178,818	100.0	-42.3	305,140	100.0	3.3	309,890	295,515
大企業	3,085	1.7	-0.2	203,772	66.8	11.5	3,090	182,790
中小企業	175,733	98.3	-42.7	101,368	33.2	-10.1	306,800	112,725
50〜299人	20,133	11.3	-18.5	66,121	21.7	0.3	24,688	65,955
10〜49人	78,529	43.9	-26.2	29,779	9.8	-17.8	106,411	36,227
4〜9人	77,071	43.1	-56.1	5,469	1.8	-48.1	175,701	10,544

上部見出し：2014年（企業数・製造品出荷額等）、2000年（企業数・製造品出荷額等）

（注）大企業は従業者 300 人以上、中小企業は従業者 4 〜 299 人の企業（以下同様）。2014 年の各項目の右列は、2000 年からの増加率。2000 年については、2014 年において製造業に分類されなくなった「新聞業」及び「出版業」を除いた数値。
出所：経済産業省「工業統計表（企業に関する統計表）」より作成。

　2000 年からわずか 14 年間に、製造業の中小企業数は、約 13 万社（42.7％減）減少した。これに対して、大企業は、わずか 5 社減と、ほぼ横ばいであった。中小企業の中でも従業者数 50 〜 299 人という上位規模層が 18.5％減に留まるのに対して、4 〜 9 人の零細規模層では 56.1％減となっている。21 世紀に入ってからの製造業の縮小は、中小企業、とくに零細規模層の減少によるものである。

　規模構造の変化により、出荷額構成にも変化がみられる。製造品出荷額等は、2000 年から 2014 年にかけて 3.3％と微増であった。同期間に大企業で 11.5％増加したのに対して、中小企業は 10.1％減少した。ここでも、50 〜 299 人の中小企業の上位規模層は 0.3％増とわずかであるが増加したのに対して、10 〜 49 人規模は 17.8％減であり、4 〜 9 人の零細規模層に至っては半減している。

（2）産業構造の変化

　つぎに、製造業の業種構造について小分類でみると、2014 年に 157、2000 年には 159 の業種があった。この間に産業分類の変更が 2 度あり、2000 年に存在した複数部門が 2014 年では一つの部門に統合されたケースや、逆に一つ

の部門が複数の部門に分割されたケースがある。たとえば、2000 年における「製糸業」「紡績業」「化学繊維製造業」「ねん糸製造業」は、2014 年には「製糸業、紡績業、化学繊維・ねん糸等製造業」に統合される一方、2000 年の「発電用・送電用・配電用・産業用電気機械器具製造業」が、2014 年に「発電用・送電用・配電用電気機械器具製造業」と「産業用電気機械器具製造業」に分割された。小分類ベースでの統合、分割だけでなく、小分類を跨いだ再編が実施されているため、厳密な統合は困難である。また、「たばこ製造業」のように、秘匿値があった業種も少なくない。そうした点を考慮し、小分類ベースで概ね比較可能と考えられる部門について 79 業種に統合し、2 時点の製造品出荷額等を比較した。

　2000 年から 2014 年における製造品出荷額等の増加率上位 10 業種をみると、「潤滑油・グリース製造業（石油精製業によらないもの）」や「非鉄金属第 2 次製錬・精製業（非鉄金属合金製造業を含む）」など素材産業が上位にランクインしている（**図表 2-2**）。2000 年代には、中国をはじめとした新興国の工業化が著しく、それに伴い原油などの資源価格が大幅に上昇したことが、こうした業種の出荷額急増の背景になっている。そうした中で第 9 位に位置する「自動車・同付属品製造業」が 13.8 兆円と群を抜いた増加額となったことが目を引く。その他にも「農業用機械製造業（農業用器具を除く）」など、機械金属関連業種の伸びが大きい。

　一方で、減少率上位 10 業種は、「漆器製造業」「染色整理業」など、繊維製品や身の回り品がほとんどを占める。嗜好の変化や安価な海外製品の流入によって国内製品への需要減少が進んだ業種である。そうした軽工業以外では、電気機械器具の減少が著しい。

　出荷額増加／減少率の上位業種をみると、増加率の上位にみられる「非鉄金属第 1 次製錬・精製業」や「有機化学工業製品製造業」、「自動車・同附属品製造業」などは大企業性業種（中小企業の出荷額シェアが 30% 未満の業種）であり、減少率の上位の「漆器製造業」「革製履物用材料・同附属品製造業」「袋物製造業」「織物業」などの繊維・身の回り品は中小企業性業種（中小企業の

28

出荷額シェアが70%以上の業種）である。大企業性業種に対する需要拡大の一方で、中小企業性業種に対する需要が縮小するといった産業構造の変化が、中小企業の縮小に影響を及ぼした可能性が考えられる。しかしながら、増加率の上位業種の中にも中小企業性業種が少なくなく、一方、減少率の上位には「電子応用装置製造業」「電子計算機・同附属装置製造業」「民生用電気機械器具製造業」といった大企業性業種が含まれ、しかも、それらの減少額が大きいことから、中小企業性業種に対する需要の縮小が規模構造に与える影響を相殺している可能性も考えられる。

図表 2-2　製造品出荷額等の増減（2000 ～ 2014 年）

（単位：%、百万円）

増加率上位10業種	増加率	増加額	中小企業比率
1　潤滑油・グリース製造業(石油精製業によらないもの)	174.6	251,182	100.0
2　農業用機械製造業(農業用器具を除く)	152.5	864,705	65.4
3　非鉄金属第2次製錬・精製業(非鉄金属合金製造業を含む)	125.5	728,295	84.4
4　非鉄金属第1次製錬・精製業	92.7	1,236,914	9.6
5　プラスチックフィルム・シート・床材・合成皮革製造業	82.6	1,602,853	61.6
6　船舶製造・修理業、舶用機関製造業	55.3	952,083	45.2
7　無機化学工業製品製造業	45.4	536,969	69.6
8　その他の金属製品製造業	33.9	323,404	63.8
9　自動車・同附属品製造業	33.2	13,798,052	10.8
10　有機化学工業製品製造業	33.0	2,958,438	22.7
減少率上位10業種	減少率	減少額	中小企業比率
1　漆器製造業	-64.3	-42,627	100.0
2　染色整理業	-60.8	-561,946	61.6
3　革製履物用材料・同附属品製造業	-58.8	-15,457	100.0
4　袋物製造業	-58.4	-85,767	100.0
5　電子応用装置製造業	-52.4	-1,601,378	27.3
6　がん具・運動用具製造業	-50.9	-407,967	61.4
7　電子計算機・同附属装置製造業	-48.6	-2,875,331	15.5
8　織物業	-45.0	-278,510	91.0
9　民生用電気機械器具製造業	-43.5	-1,337,706	27.7
10　その他の木製品製造業(竹、とうを含む)	-38.5	-81,360	100.0

（注）産業小分類で比較可能な79業種のうち、増加率・減少率上位10業種を表示。中小企業比率は、従業者299人以下の企業における製造品出荷額等が全規模に占める割合（2000年）。

出所：経済産業省「工業統計表（企業に関する統計表）」より作成。

　そこで、シフト・シェア分析によって産業構造が規模構造に与える影響について検討してみよう。

3. 産業構造と規模構造の変化

（1）シフト・シェア分析とは

　シフト・シェア分析は、地域経済の成長が国民経済の成長から乖離する要因について、その地域の産業の構造面での特徴（産業構造要因）と、その他の地域要因（地域特殊要因）に分解して、それらが地域経済の成長にどの程度影響しているかを分析するために用いられることが多い（小林(2004)、峯岸(2010)、町田（2011）など）[1]。ここでは、地域を規模に置き換え、製造品出荷額等について、各業種と全規模との成長率の格差を、各規模における産業構造上の要因（産業構造要因）とそれ以外の要因（規模構造要因）に分解して考察する。計算式は以下のとおりであり、中小企業を大企業に置き換えると、大企業と全規模との成長率格差を分析できる。

［中小企業・全産業の成長率－全規模・全産業の成長率］
＝Σi［中小企業・産業iの構成比×（全規模・産業iの成長率－全規模・全産業の成長率)］
＋Σi［中小企業・産業iの構成比×（中小企業・産業iの成長率－全規模・産業iの成長率)］

　左辺は中小企業の製造品出荷額成長率が全規模をどれだけ上回っているかを示す。
　右辺第1項が産業構造要因で、各産業の成長率が全産業を上回っている度合を中小企業における各産業の構成比でウエイト付けしたものである。産業iの成長率が全産業を上回る高成長産業で、中小企業におけるウエイトが大きかれ

ば、中小企業・全産業の成長を押し上げることになる。逆に、衰退産業のウエイトが大きければ、中小企業・全産業の成長にとってマイナスとなる。

　全規模での製造品出荷額等の増加率を、国内製品に対する需要増加率と考えると、中小企業においてウエイトの大きい産業での需要減少が大きければ、それによって中小企業の成長は、全産業ベースで下押しされる。逆に、中小企業においてウエイトの小さい産業での需要増加が大きければ、それによっても中小企業の成長は限定される。中小企業性業種である漆器や木製容器などの需要が減少したり、大企業性業種である自動車の需要が増加したりすれば、全産業ベースでの中小企業の出荷額シェアは低下する。

　そうした需要要因で説明できない出荷額の変動があれば、規模構造、すなわち供給側の変動を意味する。右辺第2項は、特定産業 i における中小企業と全規模との成長率格差を中小企業における各産業の構成比でウエイト付けしたものである。これは、特定業種において中小企業の競争力が全規模よりも上回っているか否かを示し、それが中小企業全産業にどれだけ影響を与えるかを示すものである。

（2）シフト・シェア分析の計算結果

　前述の2時点で比較可能な 79 業種では、全産業の中で 2000 年に 69.0％、2014 年でも 70.7％しかカバーできていない。そこで、中分類ベースでの規模別製造品出荷額を利用して、秘匿の関係等で小分類ベースでは比較対象にならなかった業種について、中分類で統合することによって新たに 17 業種を追加し、中分類ベースでも規模別出荷額等が把握できない残余の業種（「なめし革・同製品・毛皮製造業」や「その他製造業」に含まれる業種）を統合した1業種を加えて 97 業種とした。このように集計した業種別規模別の製造品出荷額等を用いてシフト・シェア分析を行った。

　図表 2-3 は、その計算結果である。全規模では 2000 年から 2014 年の間に製造品出荷額等が 3.3％増加した。中小企業では 10.1％減となり、全規模の増加率と比較すると、中小企業で 13.3 ポイント低い。これを産業構造要因と規

模構造要因に分解すると、産業構造要因で 5.1 ポイント、規模構造要因で 8.3 ポイント、それぞれ低下に寄与した。一方で、大企業は産業構造要因と規模構造要因がともにプラスに寄与し、全規模よりも 8.2 ポイント高い成長率となった。

　中小企業と大企業の規模間格差という観点でみると、中小企業は大企業を 21.6 ポイント下回っている。これを 100％とすると規模間格差拡大の 37.9％は、産業構造要因で説明できる。各規模における産業構成の違い、すなわちこの期間における国内製品に対する需要変動が、中小企業の成長に少なからず不利に働いたことがわかる。

図表 2-3　製造品出荷額等増加率の規模間格差のシフト・シェア分析

(単位：％)

	増加率	全規模の増加率との差		
			産業構造要因	規模構造要因
全規模	3.3	―	―	―
大企業	11.5	8.2	3.1	5.1
中小企業	-10.1	-13.3	-5.1	-8.3
規模間格差	21.6 (100.0)	―	8.2 (37.9)	13.4 (62.1)

(注)2000 年から 2014 年までの増加率。四捨五入の関係で内訳が合計と一致しない場合がある。(　)内は増加寄与率。
出所：経済産業省「工業統計表（企業に関する統計表）」より作成。

　どの産業が産業構造要因として大きな影響を与えたかについて主な産業をみると、「自動車・同附属品製造業」「石油製品・石炭製品製造業」「繊維工業」と続いている（**図表 2-4**）。「自動車・同附属品製造業」と「石油製品・石炭製品製造業」については、中小企業においても成長にプラスに寄与している。しかし、出荷額が増加する同産業において中小企業におけるウエイトが低かったことによって、需要の伸びをあまり享受できなかった。逆に、**繊維工業**はマイナスであり、需要が縮小する産業のウエイトが中小企業で大きかったことによって、大企業以上に打撃を受けた。

一方、規模構造要因は規模間格差拡大の62.1%を占めており、需要構造・産業構造の変化では説明できない要因が中小企業の縮小に大きく影響していることがわかる。これについては、産業構造要因の「自動車・同附属品製造業」と「石油製品・石炭製品製造業」のように突出して、中小企業の成長を阻害した産業を特定できる訳でなく、幅広い業種における競争力の差が格差拡大に影響している。以下、中小企業の競争力低下要因について検討しよう。

図表2-4 シフト・シェア分析において影響与えた業種（上位5業種）

(1)産業構造要因(%)

	中小企業	大企業	格差
製造業計	-5.1	3.1	-8.2
自動車・同附属品製造業	1.2	6.1	-4.9
石油製品・石炭製品製造業	1.0	4.6	-3.6
繊維工業	-1.7	-0.2	-1.5
鉄鋼業	1.5	2.6	-1.1
印刷業	-1.3	-0.5	-0.8

(2)規模構造要因(%)

	中小企業	大企業	格差
製造業計	-8.3	5.1	-13.3
食料品製造業	-1.2	0.7	-1.9
自動車・同附属品製造業	-1.1	0.7	-1.8
石油製品・石炭製品製造業	-0.8	0.5	-1.3
プラスチック製品・ゴム・ジュート・床材・合成皮革製造業	-0.7	0.4	-1.2
清涼飲料製造業	-0.6	0.4	-1.0

出所：経済産業省「工業統計表（企業に関する統計表）」より作成。

4. 中小企業と大企業との関係

前述の小分類ベース79業種における出荷額の増減を規模別にパターン化したのが図表2-5である。

まず、漆器製造業、革製手袋製造業、宗教用具製造業のように、そもそも大企業が存在しない業種が12種あるが、そのうち11業種までが出荷額を減らしている。生活様式の変化を背景として需要縮小の影響が、中小企業性業種の縮小に強く現れたとみられる。

図表 2-5　製造品出荷額等の増減パターン

（単位：業種）

		大企業			
		増加	減少	なし	計
中小企業	増加	17	3	1	21
	減少	22	25	11	58
	計	39	28	12	79

（注）2000 年から 2014 年までの製造品出荷額等の増減により分類。
出所：経済産業省「工業統計表（企業に関する統計表）」より作成。

　増減パターンで、最も多いのは、大企業、中小企業ともに製造品出荷額等が減少したパターンで、織物業、印刷業、民生用機械器具製造業など 25 業種ある。国内製品に対する需要が縮小し、規模を問わずに生産が縮小したことが示される。逆に、需要拡大を背景に、ともに増加した業種も自動車・同附属製品製造業、医療用機械器具・医療用品製造業など 17 業種ある。

　注目されるのは、大企業の出荷額が増加する一方で中小企業では減少したというパターンが 22 業種も存在することである [2]。少なからぬ業種で、中小企業が大企業に市場を奪われているのである。

　背景の一つとして、消費財については、流通経路の変化が考えられる。近年、地域の零細商店から、全国展開するチェーン店へと販路がシフトしているが、そうした販路へは、大量の供給が前提となる。とくに、店舗面積の制約のあるコンビニエンス・ストアについては、同一品目については、売れ筋の 1、2 のブランドしか扱っていない。このような経済環境は、中小企業にとって不利である。

　ただ、製造品出荷額等が大企業で増加する一方で中小企業では減少した業種は、大企業と競争関係にあることが多い食品などの消費財のみならず、大企業との取引関係にある生産財や資本財など幅広い業種が存在している（**図表 2-6**）。あらゆる業種に共通する中小企業の縮小要因を明らかにすることは難しい。ここでは、軽工業で大企業部門の川下工程に位置する紙製容器製造業と、重工業で大企業部門が川下工程に位置する金属素形材製品製造業を取り上げて

考察する。

図表 2-6　製造品出荷額等が大企業で増加し中小企業で減少した 22 業種

野菜缶詰・果実缶詰・農産保存食料品製造業	発泡・強化プラスチック製品製造業
糖類製造業	鉄素形材製造業
精穀・製粉業	非鉄金属第 1 次製錬・精製業
パン・菓子製造業	暖房・調理等装置、配管工事用附属品製造業
清涼飲料製造業	金属素形材製品製造業
茶・コーヒー製造業（清涼飲料を除く）	金属被覆・彫刻業、熱処理業（ほうろう鉄器を除く）
家具製造業	その他の金属製品製造業
紙製品製造業	一般産業用機械・装置製造業
紙製容器製造業	発電用・送電用・配電用・産業用電気機械器具製造業
油脂加工製品・石けん・合成洗剤・界面活性剤・塗料製造業	電球・電気照明器具製造業
工業用プラスチック製品製造業	ペン・鉛筆・絵画用品・その他の事務用品製造業

出所：経済産業省「工業統計表（企業に関する統計表）」より作成。

（1）紙製容器製造業

　紙製容器製造業をさらに詳しく細分類でみると、重包装紙袋、角底紙袋、段ボール箱、紙器製造業に分かれるが、段ボール箱製造業がその中で 67.7％（2014年）を占める最大の産業である。

　段ボール箱は、段ボールシートに印刷・打ち抜き等の加工を施して、製箱したものである。段ボールシートは比較的規模の大きな企業によって生産され、2010 年において上位 10 社が 60.5％の生産シェアを占める寡占産業である。これに対して、段ボール箱製造業は、上位 10 社の生産シェアが同 33.9％であり、中小企業の出荷金額のシェアが 69.4％と高い。ただし、**図表 2-7** に示されるように両産業ともに、上位企業のシェアが上昇し、中小企業の割合が低下しており、寡占化が進んでいる。

　段ボールシートは、嵩張ることや品質の劣化を避けるために輸入がほとんどなく、また、段ボール箱以外の用途も稀である。このため、段ボールシートと段ボール箱の生産数量は、ほぼ一致する。段ボールシートの生産数量は 2000

年頃まで右肩上がりで増加しており、軽量で丈夫な段ボール箱は、経済成長に連動して生産が増加したことがわかる（**図表 2-8**）。

図表 2-7　段ボール、段ボール箱の生産構造の変化

		出荷金額					
		（百万円）	大企業割合(%)	中小企業割合(%)	上位3社シェア(%)	上位10社シェア(%)	H I
段ボール（シート）	2002年	235,021	43.7	56.3	25.1	46.0	334
	2010年	236,476	46.8	53.2	31.5	60.5	507
	増加率/ポイント差	0.6%	3.1	-3.1	6.4	14.5	173
段ボール箱	2002年	1,190,159	28.1	71.9	17.2	26.2	151
	2010年	1,240,039	30.6	69.4	20.3	33.9	211
	増加率/ポイント差	4.2%	2.5	-2.5	3.1	7.7	61

（注）HI（ハーフィンダール指数）は、各品目に占める企業のシェア（%）の二乗の合計で産出され、指数が大きい程、その品目において特定企業により集中していることを示す。

出所：経済産業省「工業統計表（企業統計編）」

図表 2-8　段ボールシート生産数量の推移

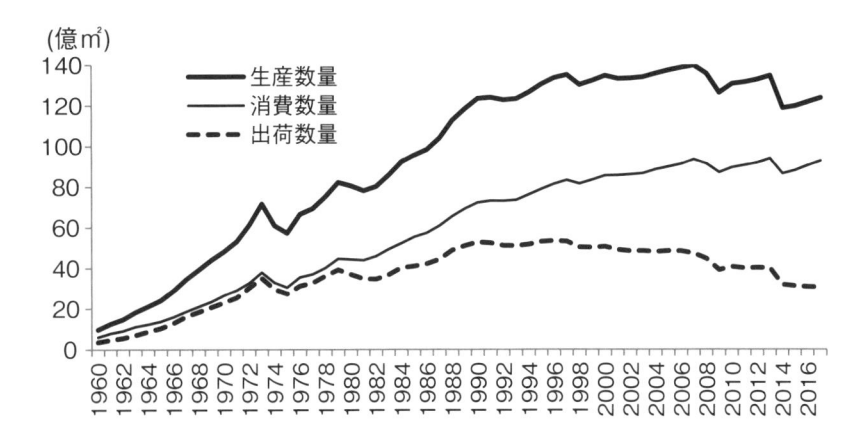

出所：経済産業省『生産動態統計年報　紙・印刷・プラスチック製品・ゴム製品統計編』より作成。

　段ボール箱は、原紙、若しくは段ボールシートの生産から段ボール箱の生産までを行う一貫メーカー／シートメーカーと、段ボールシートを仕入れて製箱

するボックスメーカーによって生産される。段ボールシートの生産者は、それを自ら消費して段ボール箱にして販売する場合と、ボックスメーカーに出荷する場合がある。段ボール箱としては、前者の消費数量が一貫メーカーやシートメーカーの生産数量、後者の出荷数量がボックスメーカーの生産数量に該当する。1970年代までは両者が同じように増加していたが、1980年代以降、徐々に乖離がみられ、2000年代以降はボックスメーカーの生産数量が減少傾向にある一方で、一貫メーカーやシートメーカーの生産数量は増加傾向が続いている。すなわち、主に規模が大きな企業が担う川上産業が、規模の小さな企業が担う割合が高い川下工程を内製化している。大企業による中小企業分野の市場の圧迫が進んでいるのである。

（2）金属素形材製品製造業

　金属素形材製品製造業をさらに詳しく細分類でみると、アルミニウム・同合金プレス製品、金属プレス製品（アルミニウム・同合金を除く）、粉末や金製品製造業に分かれ、それぞれ 23.9%、60.6%、15.4% を占める。金属素形材製品製造業の製造品出荷額等は 12.2％増加したが、大企業で 51.8％増加する一方で、中小企業では 8.6％減少した（**図表 2-9**）。自動車工業など受注先の生産が拡大する中で、金属素形材製品に対する需要の増加が大企業によって賄われて、中小企業部門は縮小したのである。これを 1 企業当たりの製造品出荷額等の増減と企業数の増減に分けて考えると、1 企業当たりの製造品出荷額等は、中小企業が 48.4％、大企業が 41.0％と大きく増加している。しかし、企業数では中小企業が 38.4％減少しているのに対して、大企業が 7.7％増加している。このことが、製造品出荷額等の増減の対照的な変化につながっている。

　規模別にさらに詳しくみると、企業数は、概ね減少しているが、4 ～ 9 人規模層で 55.6％減と大幅に減少した。1980 年代半ばまで多かった新規開業企業が、創業者一代限りで廃業したり、その準備として家族経営に戻るために 3 人以下層へ規模落ちしたりすることにより、4 ～ 9 人層が減少するのである。そこには、事業の将来性や後継者問題などが内包されている。一方で、1,000 ～

4,999 人規模で企業数が 3 社から 9 社に増加し、500 ～ 999 人規模で 7 社から 8
社に増加している。このように、中小企業部門の縮小と大企業部門の拡大は、
零細な規模層の廃業（若しくは 3 人以下への縮小）と、大企業部門内での規模
の上位シフトによってもたらされた。

図表 2-9　金属素形材製品製造業の規模別製造品出荷額等、企業数の増減

（単位：百万円、％、企業）

	製造品出荷額等			1 企業当たり製造品出荷額等			企業数		
	2000年	2014年	増加率	2000年	2014年	増加率	2000年	2014年	増加率
計	1,942,945	2,179,561	12.2	398	722	81.4	4,880	3,017	-38.2
中小企業	1,274,651	1,164,882	-8.6	263	390	48.4	4,854	2,989	-38.4
大企業	668,293	1,014,679	51.8	25,704	36,239	41.0	26	28	7.7
4～9人	160,769	78,377	-51.2	55	60	9.7	2,936	1,305	-55.6
10～19人	170,870	135,990	-20.4	181	175	-3.3	942	775	-17.7
20～29人	164,791	140,192	-14.9	375	376	0.1	439	373	-15.0
30～49人	183,704	191,566	4.3	732	712	-2.7	251	269	7.2
50～99人	283,000	243,319	-14.0	1,387	1,440	3.8	204	169	-17.2
100～199人	195,759	259,624	32.6	3,012	3,128	3.9	65	83	27.7
200～299人	115,758	115,814	0.0	6,809	7,721	13.4	17	15	-11.8
300～499人	137,066	110,542	-19.4	8,567	10,049	17.3	16	11	-31.3
500～999人	140,426	151,817	8.1	20,061	18,977	-5.4	7	8	14.3
1000人～4999人	390,801	752,320	92.5	130,267	83,591	-35.8	3	9	200.0

出所：経済産業省「工業統計表（企業統計編）」より作成。

　つぎに、有形固定資産額（年初現在高）をみると、中小企業（従業者数 30
～ 299 人）で 17.4% 減少しているのに対して、大企業では 14.3% 増加している。
小零細企業が市場から退出する一方で、中大規模企業が成長し、規模を上方シ
フトさせてきたことが、大企業の出荷額増加、中小企業の出荷額減少の実態で
ある。

　さらに、21世紀に入って加速化した情報通信革命の進展が小零細企業にとって厳しい環境変化となった。すなわち、受注先との加工図面のやり取りにおいて、情報セキュリティへの要求が厳しくウィルス対策や暗号化などの処理が必要になるが、それに対応できない小零細企業も少なくない。品質管理や三次元測定機の利用についても情報リテラシーが高い従業員を抱えておく必要があるが、小零細企業では困難な場合も多い（町田（2014））。事業継続に必要な資本、さらに情報化等への対応のために必要な人的資源が切り上がっている。

5. まとめ

　本章では、2000年以降の中小企業の縮小要因について、シフト・シェア分析によって産業構造要因が4割弱で、それ以外の規模要因が6割強を占めることを示した。

　産業構造要因では、大企業性業種の自動車・同附属品製造業、石油石炭製品製造業の成長が中小企業部門に不利に働いた。

　一方、規模構造要因は、幅広い業種にみられるが、紙製容器製造業と金属素形材製品製造業について吟味し、生産工程の川上部門の川下部門への進出や、中大規模部門の成長と小零細部門の衰退・退出という二極化現象が影響していることを示した。

　本章は、産業小分類ベースで規模構造変化の要因を明らかにしたが、産業分類が小分類に留まったことが、今回のシフト・シェア分析の限界である。各産業小分類の中でも、細分類ベース、さらには品目ベースで成長率に格差があり、高成長の業種での中小企業の構成比が低ければ（低成長業種の構成比が高ければ）、中小企業部門の成長が低かった要因を産業構造要因で説明できる割合が高まる可能性があるからである。

　また、産業構造要因で説明できない規模構造要因が何によるものかはシフト・シェア分析では明らかにできない。このため、規模構造要因については、

個別業種の具体的な積み重ねにより明らかにしていく必要がある。今回の分析では、具体的な分析は限られた業種に留まったため、今後、幅広い業種について詳細に分析していくことにより、規模構造要因について明らかにしていくことが課題である。

【注記】

(1) 企業規模における業種構成の違いを踏まえた研究では、大企業と中小企業の付加価値生産性格差を業種構成要因と業種内規模間要因とに要因分解した中小企業庁 (1982) がある。そこでは、規模間の生産性格差のかなりの部分が業種構成要因によって説明され、業種構成要因の説明力は業種分類を細分化する程増加していることを示している。そこから、「中小企業と大企業との間の生産性格差は、細分化された個別業種においては、全体としての格差ほどの競争力の差を示すものではないと考えられる」と述べている。

(2) 逆に、大企業の出荷額が減少する一方で中小企業では増加したというパターンは、医薬品製造業、パルプ製造業、鉄道車両・同部分品製造業の 3 業種しかみなれない。

【参考文献】

大阪産業経済リサーチセンター (2014)『中小工業における規模間業績格差の要因について－大阪府内製造業の受注及び経営状況に関する調査－』。

北原勇 (1960)「資本蓄積運動における中小企業」小林義雄編『講座中小企業　第 2 巻　独占資本と中小企業』有斐閣。

小林伸生 (2004)「シフト・シェア分析による国内各地域の製造業の生産動向分析」関西学院大学『經濟學論究』57 (4)。

中小企業庁 (1982)『昭和 57 年版中小企業白書』。

町田光弘 (2011)「大阪工業の地位低下と産業構造」大阪産業経済リサーチセンター『産開研論集』第 23 号。

町田光弘 (2014)「中小工業における規模間格差について」『日本中小企業学会論集 33　アジア大の分業構造と中小企業』。

峯岸直輝 (2010)「地域経済における製造業の産業構造の特徴と影響 －一部地域では産業の集積効果など地域特有の要因が雇用を下支え－」『信金中金月報』2010.4。

第3章

産業集積の
成長・縮小と労働生産性

町田光弘

1. 産業集積の類型とメリット

（1）産業集積の類型

　産業集積は、同業種の事業所が一定の地域に集中的に立地し、域内の事業所との間で取引関係を構築することなどによって、単独で立地するよりも高い経済効果・機能を持つようになった事業所群である。

　産業集積は、構成する企業や成立の経緯などによって幾つかに類型化されるが、中小企業庁（2006）は、企業城下町型集積、産地型集積、都市型複合集積、誘致型複合集積に類型化している（**図表 3-1**）。

図表 3-1　産業集積の類型

類型	特徴	代表的な地域
企業城下町型集積	特定大企業の量産工場を中心に、下請企業群が多数立地。	広島地域（マツダ）、豊田市周辺地域（トヨタ自動車）、北九州地域（八幡製鉄所）
産地型集積	消費財などの特定業種に属する企業が特定地域に集中立地。地域内の原材料や蓄積された技術を相互に活用。	燕・三条地域（金属洋食器、刃物）、鯖江地域（めがね産業）、旭川市周辺地域（家具）
都市型複合集積	戦前からの産地基盤や軍需関連企業、戦中の疎開工場などを中心に、関連企業が都市圏に集中立地。機械金属関連の集積が多い。	城南地域、太田地域、諏訪地域、浜松地域、東大阪地域
誘致型複合集積	自治体の企業誘致活動や、工業再配置計画の推進によって形成。	北上川流域地域、甲府地域、熊本地域

出所：中小企業庁（2006）より作成。

　「産業集積」には、「地場産業」や「クラスター」といった類似概念がある。「地場産業」は、特定の地域に立地する伝統のある産地であること、同一業種の中小零細企業が地域的企業集団を形成して集中立地していること、生産・販売構造が産地単位の社会的分業体制を採っていること、独自の特産品を作っていること、国内外の市場を求めた広域商品生産・販売を行っていることといっ

た条件を備えている（山崎（1977））。一方、「クラスター」は、特定分野における関連企業、専門性の高い供給業者、サービス提供者、関連業界に属する企業、関連機関（大学、規格団体、業界団体など）が地理的に集中し、競争しつつ同時に協力している状態を言う（Porter（1998））。

「地場産業」では、歴史性、特産品の域外への販売といった要件が挙げられ、「クラスター」では、関連機関等の役割や同業者間の競争について言及されるなど、強調されるポイントの相違はある。しかしながら、産地型集積は地場産業とほぼ同一概念であり、それ以外の産業集積についても、誘致型複合集積の中でみられるような比較的歴史の浅い集積があるものの、多くは歴史性を有する。また、製品の販売先についても、企業城下町型集積は、域内の特定大規模工場を最終的な受注先とする企業が多いものの、多くの下請企業では親企業への受注依存度を下げ、受注先が広域化している（常陽地域研究センター（2015）など）。

「クラスター」との比較においても、産業集積地内には関連機関が立地していることも多く、大学などとの関係を持つ場合も少なくない。また、同業者間では協力関係があるだけでなく、活発な競争も行われている。

本章では、産業集積を「地場産業」や「クラスター」を含めて捉え、都市型複合集積を採り上げることから、細分化された特定の業種ではなく、製造業を一つの業種として考察する。

（2）産業集積のメリット

産業集積が形成されるのは、そこに立地する企業が産業集積のメリットを享受できるからである。大田区が区内事業所に対して2014年に実施したアンケート調査結果によると、周辺地域に同業種・関連業種の企業が集積していることのメリットとしては、「得意分野に応じて仕事を互いに融通できる（33.3％）」や「受注能力を超える仕事を互いに融通できる（25.4％）」ことを意識する企業が多い。仕事の融通に続いて、「市場・技術動向、公的支援制度などについて情報交換できる（21.2％）」「共同事業パートナーを見つけやすい（13.6％）」

「他社との交流が経営者や後継者の育成につながる（9.7%）」といった集積内の情報ネットワークがメリットとして挙げられている（大田区（2015）、p.71）。ICT（情報通信技術）化が進む中にあっても、身近に立地する同業者・関連業種からフェイス・トゥ・フェイスで情報を入手できることのメリットが少なからぬ企業で重視されている。

　大田区で操業することの利点としては、「多様な外注先が多く立地」が最も多く、「材料・工具等を入手しやすい」「受注先が多く立地」といった受発注面の利点が上位に挙がる（**図表3-2**）。また、「道路交通の利便性が高い」「物流の利便性が高い」という産業インフラに関する利点や、「工場操業に対する周辺住民の理解」といった利点を挙げる企業もある。一方、「対事業所サービス業や物流・流通業が多く立地」「大学・研究機関が立地」の回答割合は低く、大都市機能が集積していることを利点と感じている企業は少ない。

　産業集積は地理的概念であることから、どの程度の広がりを持った地域を想定するかによってメリットの内容にも差異が生じる[1]。上述の「多様な外注先が多く立地」というメリットは、主な外注先が大田区内に分布していることを示す。一方、「工場操業に対する周辺住民の理解」については、大田区というよりも、その中の町丁単位の住工混在に関わるメリットとみられる。この点については、第10章で詳述する。これに対して、「対事業所サービス業や物流・流通業が多く立地」「大学・研究機関が立地」については、大田区がそうした関連機関が集積する首都圏に立地することから生じるメリットである。

　集積のメリットは、運送費の節約や短納期対応、もしくは在庫負担の軽減などを通じた高い生産効率、情報を活用した新製品開発や受注機会の獲得による売上げの増加を通じて、最終的には高い生産性をもたらす。

　一方、産業集積地では、原材料や人材などを地域内で奪い合うことになり、集積のデメリットも存在する。また、都市化に伴い、交通渋滞や地価高騰、労働力不足・賃金上昇なども生じる。渡辺（2011）が「集積の経済性と一般的立地条件とを秤量し、企業は集積内立地と集積外立地とを使い分ける（p.42）」と表現するように、事業所の立地は、産業集積や都市化のメリット、デメリッ

図表 3-2　大田区で操業することの利点

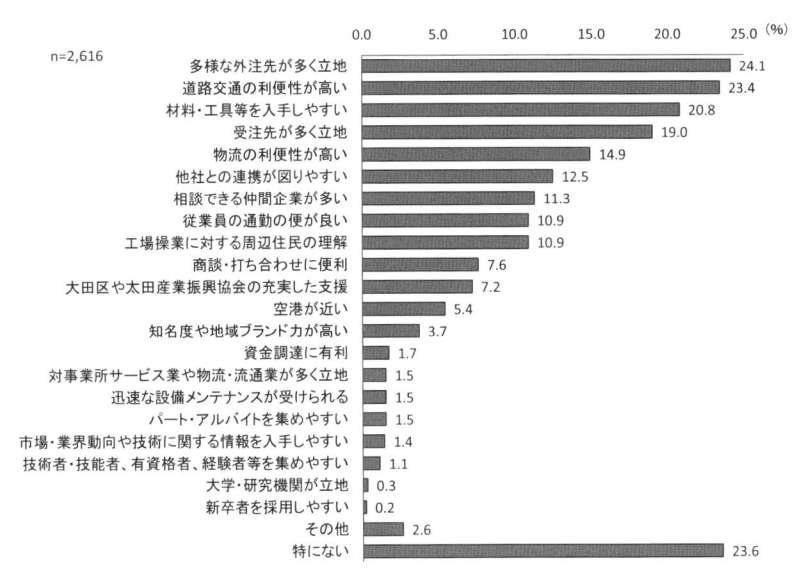

n=2,616

項目	値(%)
多様な外注先が多く立地	24.1
道路交通の利便性が高い	23.4
材料・工具等を入手しやすい	20.8
受注先が多く立地	19.0
物流の利便性が高い	14.9
他社との連携が図りやすい	12.5
相談できる仲間企業が多い	11.3
従業員の通勤の便が良い	10.9
工場操業に対する周辺住民の理解	10.9
商談・打ち合わせに便利	7.6
大田区や太田産業振興協会の充実した支援	7.2
空港が近い	5.4
知名度や地域ブランド力が高い	3.7
資金調達に有利	1.7
対事業所サービス業や物流・流通業が多く立地	1.5
迅速な設備メンテナンスが受けられる	1.5
パート・アルバイトを集めやすい	1.5
市場・業界動向や技術に関する情報を入手しやすい	1.4
技術者・技能者、有資格者、経験者等を集めやすい	1.1
大学・研究機関が立地	0.3
新卒者を採用しやすい	0.2
その他	2.6
特にない	23.6

出所：大田区（2015）より作成。

ト等幅広い要因によって決定される。集積のメリットが不変でも、集積のデメリットや都市化のデメリットが大きくなれば、工場は新規に立地せず、転出も進み、産業集積は縮小する。つまり、大都市型産業集積は、産業集積や都市化のデメリットが大きいので、それを上回るメリットを享受し、生産性を高く保てなければ存続が困難になる。

（3）大都型産業集積の縮小

　大都市型産業集積の事業所数は、1980年代前半にピークを迎え、その後、事業所数が急速に減少している。こうした地域では集積のメリットを享受できなくなってきたのであろうか。

　植田（2004）は、「産業集積の内部に存在することで、中小企業が受動的にメリットを得られる時代はもはや終わりを見せている。（略）中小企業が中小企業として事業を展開していく上で、産業集積のメリットを意識的に、自主的

に、自立的にどれだけ活用できるのかが重要になっている（p.132）」と指摘している。産業集積の規模が縮小する中でも、集積内企業による活用の仕方次第で集積のメリットを従来よりも活かすことができるのであろうか。

額田（2014）は、大田区立地企業について、集積の規模と多様性の縮小に対しては、「域外や域内の新しい発注先に組み替えたり、部分的に内製化を行ったりするリアクションをとることで、ぎりぎり困らない状況を作りだしている」と述べ、「眼前の問題の解決にはとりあえず必要ない余分なものがそぎ落とされて、短期的な意味ではシステムがより効率的（p.77）」になる可能性に言及している[2]。

また、松原編（2018）では、「受注や外注といった取引関係については、購入部品の増加と内製化の進展により、産業集積地域内での企業間取引の割合は低下する傾向にあり、取引空間の広域化がみられる（p.312）」と述べている。

集積の規模縮小に対して、個別企業が内製化や域外企業との取引拡大により対処するのでは、集積域外での立地でも同様の対応が可能であり、産業集積のメリットを享受しているとは言い難い[3]。

（4）本章の狙い

本章では、都市型複合集積と呼ばれる集積の中でも、規模が大きく、先進的であることから注目されてきた大都市型産業集積の成長・縮小と生産性について、東大阪工業を中心に考察する。生産性については、主な生産要素である資本と労働の投入量を考慮した全要素生産性が望ましい。しかし、製造業についての基礎的な統計である「工業統計」には、29人以下の事業所については有形固定資産額のデータがない。産業集積を形成する圧倒的多数を占める小零細規模事業所を除いて産業集積のメリットを評価することは困難であるため、本章では、従業者1人当たりの付加価値額（労働生産性）について検討する。

その際、産業集積全体の生産性というより、主に従業者規模別でみていく。後述するように、規模によって従業者1人当たりの有形固定資産額（資本装備率）が大きく異なるため、大規模工場の構成比が低い地域では生産性が低くな

るからである。これは、全要素生産性でなく労働生産性で地域の生産性を論じることの問題を緩和することにもなる。

2. 東大阪工業の労働生産性

（1）東大阪市の製造業の推移

　大阪府の東大阪市は、東京都大田区と並び、わが国を代表する大都市型産業集積である。東大阪工業については、大阪府立商工経済研究所や大阪府立産業開発研究所での研究蓄積に加え、湖中（1995、2009）、武知（1998）、植田編（2000）、鎌倉（2002）、衣本（2003）、前田・町田・井田（2012）などにおいて、その歴史や実態が明らかにされてきた。

　東大阪工業について、**図表 3-3** に 3 種類の事業所数を示した。

　経済産業省が毎年実施する「工業統計」は、製造工程を行う事業所、いわゆる「工場」ベースの数である。1980 年までは全数調査が実施されていたが、その後、5 年に 2 度だけ全数調査が実施されるようになったため、総数と従業者 4 人以上の事業所数を併記した。

　布施市、河内市、枚岡市の合併により東大阪市が誕生した 1967 年には、「工業統計・総数」ベースで 4,393 事業所が東大阪市内にあった。総数と従業者 4 人以上の事業所数は、1967 年には乖離幅が小さかったが、1970 年代に急速に拡大した。この時期に創業が活発になり、従業者 3 人以下の事業所が増加した様子が窺える。その受け皿となったのが貸工場である。1960 年代後半から増え始め、1977 年には民営貸工場が 502 棟を数え、そこに立地する事業所の数は 2,200 工場に達したとされる（湖中（1995）、p.138）。東大阪市内の工場数は、高度経済成長期の後半に著しく増加し、1975 年には 9,479 事業所に達している。1967 年からわずか 8 年で 2.2 倍になったのである。鎌倉（2002）は、（1）地価の低廉さ、「工場誘致条例」の制定、貸工場の建設が進んだこと、（2）職住近接条件のもとで低賃金労働者の確保が容易であったこと、（3）大阪市内か

図表 3-3　東大阪市の製造業事業所数の推移

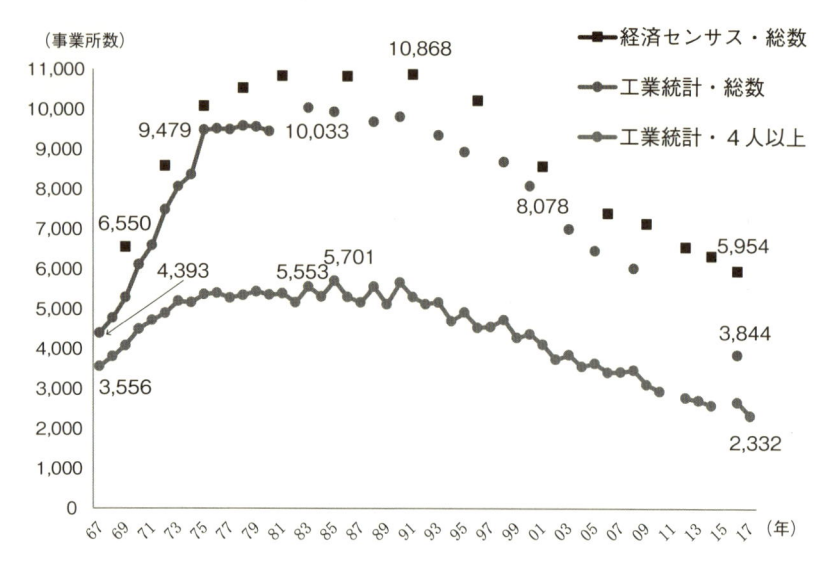

(注) 年の表記は、調査実施年に基づく。「経済センサス」は、2006 年以前は「事業所統計」または「事業所・企業
統計」。2011 年は、2012 年 2 月に「平成 24 年経済センサス活動調査」が実施されたため「工業統計調査」は実
施されていない（経済センサスの産業別集計では市区町村別事業所数は非公表）。2016 年の「工業統計」は、「平
成 28 年経済センサス活動調査」の産業別集計結果。
出所：東大阪市「統計書」より作成。

　らの企業の「にじみだし」型の進出も加わり、集積が集積を生む構造が形成さ
れたこと、を事業所増加要因と指摘している（p.40）。
　事業所数の伸びは、その後鈍化したものの、1983 年で 10,033 事業所に達し
た。これが、「工業統計」で確認できる事業所数のピークである。1980 年代後
半から事業所数は緩やかに減少し、2000 年には 8,078 事業所となった。総数と
4 人以上の事業所数との乖離幅は徐々に縮小し、2000 年以降に加速している。
これは、零細企業の開業が減り、廃業が増えていったことを反映している。植
田（2004）は、産業集積縮小の背景として、日本の製造業が持っていた優位性
が経済のグローバル化の下で失われてきたこと、開業率の低迷、地価や賃金率
の上昇だけでなく、産業組織やカルチャーの硬化ないし固定化による負の効果

である産業集積の「ロックイン効果」を挙げている（pp.31-33）。

　その後の減少は急激で、2016 年には総数ベースで 3,844 事業所となり、東大阪市誕生時の 1967 年の事業所数を割り込んだ。

　一方、「経済センサス」は、総務省が実施する悉皆調査である。この事業所数には、本社や倉庫などの補助的事業活動を行う事業所も含まれる等の理由により、工業統計ベースの事業所数を上回って推移している[4]。事業所数のピークは、バブル経済が崩壊した 1991 年の 10,868 事業所であり、2016 年現在は、5,954 事業所へと半減している。

（2）地域の労働生産性と規模構造

　前田（2009）は、東大阪地域の事業所数の減少割合が大田区よりも小さいという意味において東大阪の中小企業を「頑張っている」と評価し、「東大阪が精度などの加工技術の点で大田区中小企業に劣るといった一面的図式はもはや見られない」と述べている。しかしながら、頑張ってきた東大阪中小工業も事業所数の減少に歯止めがかからず、そのことが集積のメリットとどのような関係にあるかを検討することは喫緊の課題である。

　そこで、増減の起点、ターニングポイントとなった時点、及び直近の労働生産性をみたのが**図表 3-4**である[5]。1967 年に 144 万円であった労働生産性は、1975 年には 414 万円へと急増した。その後も増加が続いたものの、2000 年の883 万円から 2017 年には 855 万円へと減少に転じた。

　ここでの労働生産性は、名目値であり、インフレやデフレ、また、全国的な技術進歩や経済環境変化の影響を受けるため、事業所数の増減と集積のメリットを論じるには不十分である。そこで、全国の労働生産性を 100 とする指数をみると、東大阪工業の労働生産性は、2017 年に 67 となっており、全国を大きく下回っている。1975 年には 111 と全国を上回っていたが、その後、一貫して低下してきたのである。

　ここで注意を要するのは、労働生産性が規模別に大きな差があり、規模構造が地域によって異なることである。東大阪市、全国ともに規模が大きくなるほ

図表 3-4　東大阪工業の労働生産性

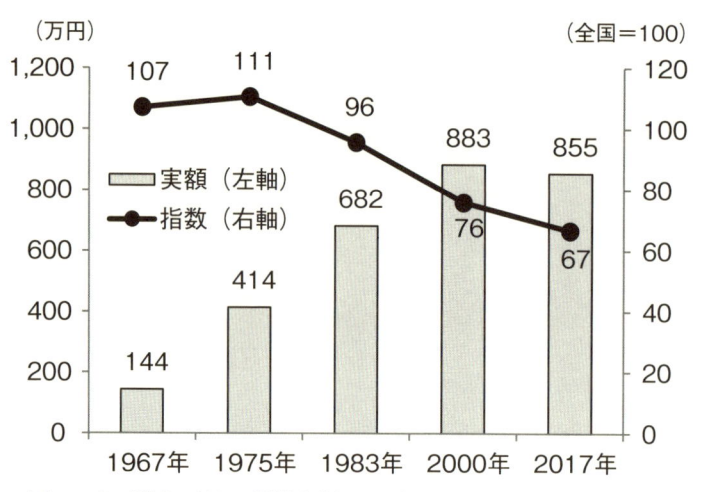

（注）1967 年と 1975 年の従業者 9 人以下は粗付加価値額、1983 年、2000 年、2017 年の従業者 29 人以下は粗付加価
値額。2017 年は、従業者 4 人以上の統計であり、付加価値額は調査時点（2017 年 6 月）の前年の 2016 年の値。
出所：大阪府「大阪の工業」、経済産業省「工業統計表」より作成。

図表 3-5　規模別労働生産性（2017 年）

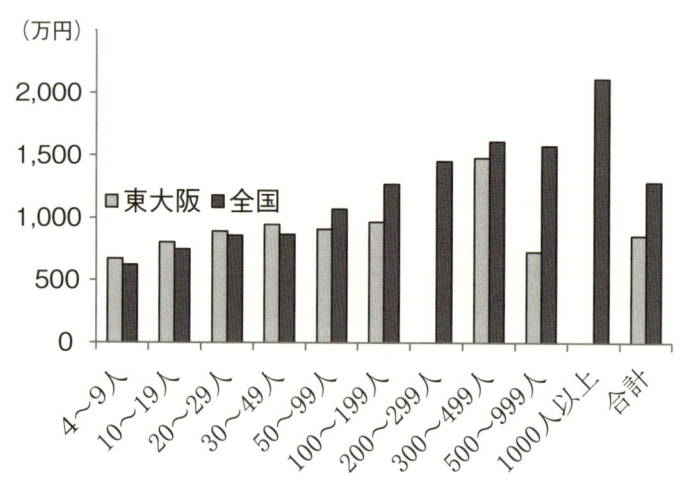

（注）従業者 29 人以下は粗付加価値額。付加価値額は調査時点（2017 年 6 月）の前年の 2016 年の値。東大阪市の
200 〜 299 人、1,000 人以上については付加価値額が秘匿となっているため、表示されていない。
出所：大阪府「大阪の工業」、経済産業省「工業統計表」より作成。

ど労働生産性が高まっているが（**図表 3-5**）、従業者 100 人以上の事業所の従業者が全従業者数に占める割合は、全国で 55.0％であるのに対して、東大阪市では 24.4％にすぎない（**図表 3-6**）。東大阪工業では大規模工場が少ないため、地域の労働生産性が全国よりも低いのである。

図表 3-6　東大阪市と全国の規模構造（2017 年）

（単位：事業所、人、％）

	事業所数		従業者数		構成比	
	東大阪市	全国	東大阪市	全国	東大阪市	全国
4〜9人	1,072	72,009	6,688	447,613	14.1	5.9
10〜19人	633	49,290	8,566	674,280	18.0	8.9
20〜29人	314	25,445	7,592	622,927	16.0	8.2
30〜49人	155	15,895	5,923	620,533	12.5	8.2
50〜99人	105	15,004	7,163	1,043,127	15.1	13.8
100〜199人	41	7,904	5,222	1,091,664	11.0	14.4
200〜299人	3	2,390	687	580,537	1.4	7.7
300〜499人	4	1,857	1,611	706,643	3.4	9.3
500〜999人	4	1,058	2,603	725,298	5.5	9.6
1000人以上	1	487	1,476	1,058,747	3.1	14.0
合計	2,332	191,339	47,531	7,571,369	100.0	100.0

出所：大阪府「大阪の工業」、経済産業省「工業統計表」より作成。

（3）規模別労働生産性の推移

　そこで、規模別の労働生産性指数をみる（**図表 3-7**）。2017 年における東大阪市の 200 人以上の事業所は 12 事業所にすぎず（前掲**図表 3-6**）、秘匿や特異な値が出やすいため、一定の事業所数がある 199 人以下の規模層についてみると、1967 年時点では、いずれの規模層においても全国を上回っていた。

　労働生産性指数は、事業所数が急増した 1975 年には、10 〜 199 人のいずれの層においても上昇した。同指数は、3 人以下では低下し、4 〜 9 人ではほぼ横ばいとなった。小零細企業には、創業間もない企業が多かったとみられることから、その平均的な労働生産性指数が低下したと考えられる。東大阪工業は、

事業所数が増加し集積のメリットが高まる中で、概ね労働生産性が相対的に高まった。

事業所数の伸びが鈍化した 1983 年における 199 人以下の規模層では労働生産性指数は 100 を超えており、全国を上回っているものの、3 人以下層と 10 〜 19 人層を除き、指数は低下した。

図表 3-7　東大阪工業における労働生産性

（単位：万円、全国 = 100）

	実額					指数				
	1967年	1975年	1983年	2000年	2017年	1967年	1975年	1983年	2000年	2017年
3人以下	69	191	349	452		158	127	139	125	
4〜9人	92	282	516	705	670	132	131	128	120	108
10〜19人	119	398	784	907	803	131	140	149	119	107
20〜29人	151	486	863	984	889	147	160	153	118	104
30〜49人	135	479	803	988	946	125	152	139	115	109
50〜99人	161	508	806	1,170	908	141	150	130	113	85
100〜199人	172	717	783	917	966	126	180	105	76	76
200〜299人	134	544	744	1,220	x	84	124	86	82	x
300〜499人	115	484	909	985	1,480	68	97	91	59	92
500〜999人	336	x	x	x	725	171	x	x	x	46
1000人以上	190	x	x	x	x	80	x	x	x	x
合計	144	414	682	883	855	107	111	96	76	67

（注）X は、事業所数が 1 または 2 であったこと等により付加価値額が秘匿であったため、算出できなかったことを示す。
1967 年と 1975 年は従業者 9 人以下は粗付加価値額、1983 年、2000 年、2017 年は従業者 29 人以下が粗付加価値額。
出所：大阪府「大阪の工業」、経済産業省「工業統計表」より作成。

事業所数が減少に転じた 2000 年、2017 年にかけて、199 人以下の規模層では、いずれも連続して労働生産性指数が低下している。事業所数が減少し、地域内で取引が完結する度合いが低下し、集積のメリットを享受できにくくなった可能性が考えられる。

特筆すべきは、100 〜 199 人規模層では 2000 年以降、50 〜 99 人規模層では 2017 年において労働生産指数が 100 を下回っていることである。50 人以上の中大規模工場では、全国平均以下の水準であり、もはや集積のメリットを享受

できているか疑義が生じる。規模が相対的に大きな工場で、東大阪に留まるメリットが希薄化すれば、高コストである東大阪市から転出する可能性がますます高まるとみられる。

3. 大都市型産業集積における労働生産性の変化

（1）東大阪、八尾、大田、墨田

　本節では、2000年、2017年における大都市型産業集積のメリットについて、市区別に横断的に比較する。対象とした市区は、東大阪市と、そこに隣接し一体的な集積地域となっている八尾市、及び、東京都における集積地域として有名な大田区、墨田区である。

　いずれの市区も事業所数が大きく減少しているが、大田区、墨田区の減少率はとくに大きい（**図表 3-8**）。業種構成をみると、東大阪市、八尾市、大田区は、機械金属関連工業の構成比が高く、「金属製品」が1位、「生産用機械器具」が2位という点が共通している。「金属製品」には、金属プレス、電気めっき、金属熱処理など、「生産用機械器具」には、金属工作機械、機械工具、金型などが含まれており、わが国機械工業の製造加工機能を支える基盤地域であることが示されている。一方、墨田区は、機械金属関連工業の構成比が極めて低く、「化学」が1位、「印刷・同関連」が2位となっている。

（2）労働生産性の変化

　全国を100とする労働生産性指数を4～99人の規模層について詳しくみると、2000年は、ほとんどの規模、市区において100を超えており、当時は集積のメリットを享受できていたと考えられる（**図表 3-9**）。例外は墨田区で、30～49人規模層、50～99人規模層において80台の水準にあり、2000年時点で既に、中規模事業所が立地するメリットが乏しい地域になっていた可能性がある。

図表 3-8　大都市型産業集積の事業所数（4 人以上）と業種構成

（単位：万円、全国＝ 100）

		東大阪市		八尾市		大田区		墨田区		全国	
事業所数	2000年	4,366		2,369		3,077		1,934		341,421	
	2017年	2,332		1,320		1,254		731		191,339	
	増加率	-46.6		-44.3		-59.0		-62.2		-44.0	
構成比	機械金属関連工業	65.3		68.6		76.0		23.3		60.0	
	1位	金属製品	19.4	金属製品	19.5	金属製品	18.1	化学	25.3	食料品	14.9
	2位	生産用機械器具	12.4	生産用機械器具	11.1	生産用機械器具	17.5	印刷・同関連	19.4	輸送用機械器具	14.0
	3位	プラスチック製品	10.9	電気機械器具	10.5	電気機械器具	8.6	金属製品	10.7	金属製品	7.8

（注）機械金属関連工業にはプラスチック製品製造業を含む。業種構成は、2017 年の各業種における従業者数が全業種に占める比率。

出所：大阪府「大阪の工業」、東京都「東京の工業」、経済産業省「工業統計」より作成。

　2000 年から 2017 年にかけての変化という観点では、20 規模層（4 市区× 5 規模）の中で、16 規模層までが、労働生産性指数を低下させた。域内の事業所数が激減する中で、大都市型産業集積のメリットが低下してきたことを窺わせる。

　ただし、東大阪市、八尾市、大田区では、2017 年でも概ね指数が 100 を上回り、産業集積のメリットを享受している規模層が多い。一方、墨田区ではほとんどの規模層で 100 を下回っている。

　ただし、50 ～ 99 人規模層では、いずれの地域でも 100 を下回っており、中大規模工場にとって集積地域に立地する意義が薄れている[6]。墨田区では 2000 年に既に 100 を下回っていたが、他の産業集積でも一般的になってきたのである。中大規模工場は、受発注先が集積地域内に留まらず広域的であったが、IT や物流の発達によって「離れた相手に不便なく外注できるようになった（松原編（2018）、p.68）」ことにより、さらに広域化し、市区といった狭い範囲での集積の意義が薄れつつあるとみられる。こうした背景の下で、生産拡張などの積極的な投資を行う中大規模工場が、土地の制約がある大都市内では

難しい効率的な生産ラインを設置できる郊外へと移転していくといった、生産性の高い工場の集積外転出の結果、集積内における中大規模層の労働生産性の低下に拍車がかかったとも考えられる[7]。

図表 3-9　労働生産性指数（全国＝ 100）

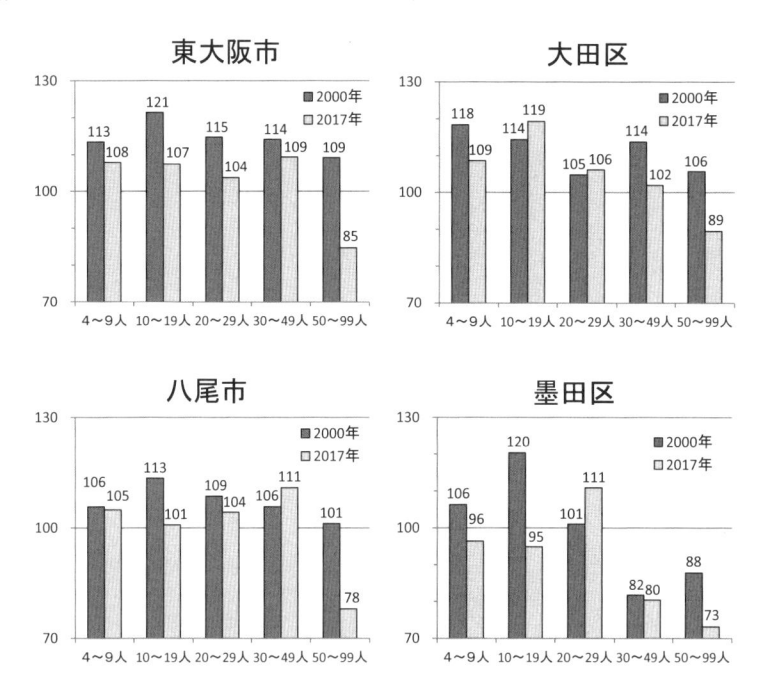

(注)　従業者 29 人以下は粗付加価値額。
出所：大阪府「大阪の工業」、東京都「東京の工業」より作成。

4. おわりに

　本章では、東大阪市を中心として、事業所数が減少し始めた 1980 年代半ばから労働生産性の観点で大都市型産業集積の優位性が低下していることを示した。事業所数の減少が著しい 2000 年代以降については、八尾市、大田区、墨

田区含めた比較を行い、東大阪以外でも、概ね労働生産性が低下していることを確認した。

　中大規模工場の流出の下で、残存した少数の中大規模工場と小零細工場によって形成されているため、集積総体としての労働生産性が低いのが、安定成長期以降の大都市型産業集積の現状である。規模構成に基づく集積総体での労働生産性低下に留まらず、集積内の各規模における労働生産性の低下が著しい。広域的な事業展開を行う中大規模層、及び集積規模縮小が著しい墨田区では小零細層を含めて、労働生産性が全国平均よりも低く、集積のメリットを享受できなくなっている[8]。

　その一方で、2017 年現在においても、東大阪市、八尾市、大田区の 49 人以下の事業所では、2000 年よりは相対的に低下したとは言え、全国平均よりも高い労働生産性を維持している。現在においても、第 1 節でみたように受発注や情報ネットワークの面での集積のメリットが労働生産性の向上に寄与しているとみられる。このような同業者や関連業種の集積面のメリットだけでなく、大学・研究機関の立地といった大都市における知識の集積を活用して、イノベーションを展開していくことの重要性が、今後ますます増していくであろう。

【注記】

(1) 産業集積のメリットと地理的範囲の関係については、前田・町田・井田編（2012、pp.47-69）を参照のこと。

(2) ただし、額田（2014）は、「分業システムの冗長性の低下は、短期的な意味でシステムの効率性を上げても、長期的な目で見た環境変化に対して産業集積が自らをダイナミックに変革しながら適応していく能力を減退させる可能性」を危惧している（p.77）。

(3) 産地型産業集積においても、内製化の進展が報告されている。吉原（2018）は、山形県ニット産地を事例に、内製化が進むと述べている（p.97）。

(4) 工業統計と経済センサスは、ともに悉皆調査であるが、事業所の定義が異なる。また、工業統計の集計対象とするには出荷額等の経理事項を細かく把握する必要がある。主に後者の要因により両調査の事業所数は大きく乖離する。詳しくは、町田（2019）を参照のこと。

(5) 2016 年は、経済センサス活動調査により事業所数は全数が把握可能であるが、粗

付加価値額については個人経営の企業の分が含まれていないため、小零細規模層の労働生産性算出に大きな誤差が生まれる。そこで従業者 4 人以上で直近の統計である 2017 年の値を算出した。ちなみに、2000 年以前の値を従業者 4 人以上の統計で揃えると、2000 年から 2017 年への労働生産性の低下は、935 万円から 855 万円へと一層際立つ。

(6) 2017 年の労働生産性指数は、100 ～ 199 人規模層及び 200 ～ 299 人規模層においても 100 を下回っている（ただし、秘匿された市区・規模層は不明）。

(7) 2017 年の従業者 30 ～ 99 人の従業者 1 人当たりの有形固定資産額(年初現在高)は、東大阪市、八尾市、墨田区では、それぞれ 826 万円／人、902 万円／人、820 万円／人と、全国（909 万円／人）を下回っており、資本装備率が低い。ただし、大田区では 1,043 万円／人と全国を上回っている。

(8) 大都市型工業集積における集積のメリット低下が、物流や情報通信技術の発達により失われているのか、労働生産性の高い工場が能力増強のために広い土地を求めて郊外・地方へと流出が続く結果として、労働生産性が低下しているのかといった具体的なメカニズムを実証することは、今後の研究課題である。

【参考文献】

植田浩史編（2000）『産業集積と中小企業』創風社。
植田浩史編著（2004）『「縮小」時代の産業集積』創風社。
植田浩史（2004）『現代日本の中小企業　－東大阪地域の構造と課題－』岩波書店。
大田区（2015）『大田区ものづくり産業等実態調査　調査報告書』平成 27 年 3 月。
鎌倉健（2002）『産業集積の地域経済論　－中小企業ネットワークと都市再生－』勁草書房。
衣本篁彦（2003）『産業集積と地域産業政策　－東大阪の史的展開と構造的特質－』晃洋書房。
湖中齊（1995）『東大阪の中小企業　"中小企業の街"からの発信』東大阪商工会議所。
湖中齊（2009）『都市型産業集積の新展開　－東大阪市の産業集積を事例に－』御茶の水書房。
常陽地域研究センター（2015）「日立グループを巡る取引構造変化と日立・ひたちなか地域の中小製造業－第 1 部　日立グループの変化と中小製造業の関係性の変化－」『Joyo ARC』Vol.47,No.550,pp.14-33。
武知京三（1998）『近代日本と地域産業　－東大阪の産業集積と主要企業群像－』税務経理協会。
中小企業庁（2006）『中小企業白書 2006 年版』ぎょうせい。
額田春華（2014）「大田区の変容から考える都市型産業集積のダイナミズム」企業家研究フォーラム編『企業家研究』第 11 号、有斐閣。
前田啓一（2009）「最近 10 年間における東大阪地域中小工業の二極化現象をめぐって－

58

中小機械金属関連製造業の構造的変化を東京・大田区と比較して」『大阪商業大学論集』。

前田啓一・町田光弘・井田憲計編（2012）『大都市型産業集積と生産ネットワーク』世界思想社。

町田光弘（2019）「産業集積のライフサイクルと労働生産性」大阪産業経済リサーチセンター『産開研論集』第31号。

松原宏編（2018）『産業集積地域の構造変化と立地政策』東京大学出版会。

山崎充（1977）『日本の地場産業』ダイヤモンド社。

吉原元子（2018）「産地の縮小過程における中小企業の内製化志向 – 山形県ニット産地の事例から – 」日本中小企業学会編『新時代の中小企業経営 – Globalization と Localization のもとで – 』同友館。

渡辺幸男（2011）『現代日本の産業集積研究—実態調査研究と論理的含意』慶應義塾大学出版会。

Porter, M. E.（1998）*On Competition*, Harvard Business School Press.（竹内弘高訳（1999）『競争戦略 II』ダイヤモンド社）。

第4章

基盤産業における
存立条件の変化

藤川　健

1. はじめに

　日本の基盤的な技術を有する産業群を含むサプライヤーシステムは、自動車や家電などの国内完成品産業の国際競争力を下支えしてきたとの指摘がなされている。また、そのような基盤産業は都市部で産業集積を形成し、一国・地域の加工技術の水準を象徴するものとして脚光を浴びてきた。これらの研究において、基盤産業は日本のものづくりに欠かせない裾野を支える重要な産業であると評価されてきた。ところが、近年ではこのような国内の基盤産業が危機的な状況に直面している。その典型が金型産業である。詳述すれば、業界大手として国内外で高い技術力を支持された大規模な金型製造企業の経営成果が急激に悪化している。さらに、東大阪地域に見られるように、機械金属関連業種の需要先分野の多様性を生み出す供給源として機能してきた小零細規模の金型製造企業の転廃業や倒産も進んでいる。なぜ日本の基盤産業は称賛されながらも、このような苦境に陥っているのであろうか。それを紐解くためにも、企業規模と能率の関係を論じた適正規模の概念に注目する。ここで用いる適正規模の理論は 19 世紀末に提唱された旧い概念である。しかしながら、今日の基盤産業の置かれた現状を理論的に解明することができる優れた議論であるとも考えている。上記を踏まえ、本章では金型産業の盛衰を適正規模理論における存立条件の変化として分析することを試みる。

2. 適正規模概念の検討

（1）適正規模理論の系譜

　金型産業の存立条件を考察するためには、過去に行われた適正規模に関する研究蓄積を俯瞰することが枢要である。適正規模と呼ばれるものは、「適度規模」、「最適規模」、「適限規模」などと表現されることもあるが、いずれも企業

の規模と能率の関係を分析対象としてきた概念である。このような適正規模の考え方は、大規模生産の利益の限界や中小企業の残存を説明する概念として理論的に展開されてきた。また、その発生過程を鑑みれば、適正規模は次の3つの段階を経て発展してきたと言われている（山中（1967）、p.10）。第1は、大規模経済理論を批判した大規模化有限説としての段階である。そして、第2が大規模経済理論で解釈できない現実の中小企業の残存を直接の関心として取り扱う段階である。さらに、第3は大企業や中小企業に偏らず、企業一般の適正な規模の基準を考える段階である。したがって、第2段階である中小企業の残存を問題とした研究蓄積が本章の研究課題と符合する。以下では中小企業の残存を扱った諸議論を中心に紹介する。

（2）存立条件を規定する要因

　大規模経済利益の限界を指摘したA・マーシャルの論考を受け、その関係と中小企業の残存を説明しようとした著作として1909年に出版されたJ・A・ホブソンの『産業制度論』が挙げられる[1]。そこでは、各産業の大規模化が進む中での中小企業の残存を説明するため、最低生産費規模の概念を導出している（Hobson（1910）、p.192）。具体的に述べれば、単一工場における生産費の要素は、原材料費、労務費、固定費の3つがある。そして、それぞれの費用が経済的な利益を持つために相応しい最大規模を持つものと仮定する。したがって、最も経済的な最低生産費規模は、3つの費用から生じる利益をその重要性に応じた組み合わせで決定する。さらに、ホブソンは単一工場だけでなく、複数の工場を所有する企業を想定して最大能率規模の概念を提言した（Hobson（1910）、p.195）。つまり、工場を複数所有する巨大企業は、最低生産費規模を超えて単一工場で生じる以上の信用、広告、販売などの大規模化に伴う経済的な利益を得ている。ただし、そのような大規模利益にも限度があり、その限度となる投下資本に対して最大の利潤率を与えるものとして最大能率規模が存在する。ただし、完全な自由競争下にない現実では、最大能率規模以下の中小企業も存在しており、大企業と競争しない隙間の市場から特殊な利益を得てい

62

ると主張する（Hobson（1910）、pp.192-196）。

　また、中小企業の残存を能率的と積極的に評価して適正規模理論の中で位置付けたのは、1931 年に刊行された E・A・G・ロビンソンの『産業構造の基礎理論』である [2]。そこでは、産業における能率を「最小の費用で最大の成果を獲得すること」としている（Robinson（1958）、pp.1-2）。また、適正規模企業については「技術および組織能力についての現存の諸条件の下で、単位当りの平均生産費が最低となる企業」であると述べている（Robinson（1958）、p.11）。上記の定義を踏まえ、彼は適正規模企業を決定する要因が、技術的要因、管理的要因、金融的要因、市場的要因、危険負担及び景気変動要因の５つであるとした。そして、それぞれの要因における大規模（小規模）の利益と限界を精査し、単位毎の適正な企業規模が決定される。さらに、各々の異なった単位間で調整が図られた上で最終的な適正規模企業が確定するとしている。ただし、技術的要因、金融的要因、市場的要因の影響は適正規模の下限を規定する。それに対し、管理的要因は適正規模の下限だけでなく、上限をも規定すると言う。したがって、適正規模の決定では、主に管理的要因とそれ以外の要因（特に技術的要因）の調和が重視される（Robinson（1958）、pp.94-103）。それらを前提とし、ロビンソンは、大企業が有利となる業種と中小企業が有利となる業種が併存することを説明する（Robinson（1958）、p.32）。

　ただし、上記の適正規模から見た中小企業の残存には数多くの批判がなされてきた。その１つが経済的非合理性の欠如である。つまり、適正規模から説明する中小企業の残存は経済的合理性を前提としており、低賃金や長時間労働などに依存する経済的非合理性の側面をも考慮する必要があるとの批判である。例えば、J・スタインドルは、中小企業が残存する理由を次の４点から解説している。第１は、大企業の資本蓄積が中小企業を駆逐するまでに時間が掛かることである。第２は、不完全競争が中小企業における生産物市場の不完全性や労働市場の不完全性を生み出すことである。第３は、中小企業が寡占的な産業における独占が存在しないというカモフラージュとしての役割を果たすことである。第４は、中小企業の経営者が低報酬で高い危険を引き受ける賭博的な態

度を取ることである（Steindl（1947）；米田・加藤訳（1956）、pp.123-130）。したがって、存立条件を検討するためには、適正規模の理論だけでは説明できない経済的非合理性にも注意を払う必要がある。

（3）適正規模理論の現実への応用

　また、適正規模論の存立条件は日本の多くの中小企業研究者にも影響を及ぼした。より詳しく述べれば、国内の中小企業研究においては、①個別企業の経営戦略上の指針、②政府の経済政策上の目標、③個別企業及び政府に対する中小企業の存立を説明する根拠の3つの関心によって戦前から進められてきた（佐竹（2008）、pp.79-80）。例えば、田杉競は先述のロビンソンの適正規模企業を決定する5つの要因を用い、当時の国内における適正規模以下の中小企業が存立する理由を、機械の利用を少なくした低賃金に基づく労働集約的方法の採用、市場の狭小・個人企業における経営指導の徹底・変動に対する抵抗力・外部経済の発展などの諸事情、市場における不完全競争及び中小企業の従属性の3点から理論的に説明した（田杉（1941）、pp.84-89）。また、末松玄六も西欧諸国の適正規模の議論を批判的に検討し、戦時生産における中小企業の存立条件を明らかにしている。そして、末松は欧米の一般的・普遍的な存立条件と異なり、日本資本主義の後進性、農村の余剰労働を利用した外部経済、日本国民固有の生活様式に基づく多様性、家内工業の小規模工場工業化や新問屋制工業の発展、日本人の手先の器用さなどの民族的資質の特性、分散した電気動力や交通技術の進歩による技術的条件、工場法の適用範囲などの労働条件の特殊性、中小工業経営助成策などの国家政策の7つを日本固有の戦争経済化における中小企業の存立条件として指摘している（末松（1943）、pp.218-228）。上記の研究からは、適正規模理論で導かれた一般的・普遍的条件だけでなく、各国の歴史的な展開をも考慮することが求められていると言えよう。

　諸議論の確認から、存立条件を把握するための注意事項が幾つか見出された。さらに、存立条件を実証的に分析する際には他にも留意しなければならない事柄がある。それは用いる概念の多義性である。例えば、企業の規模を計測

する単位は、従業員基準、資本金基準、産出量基準、使用馬力数基準などの種類がある。また、適正かどうかを判断する根拠は、利潤率、利潤額、費用、生産性、成長率などさまざまである。さらに、利潤や費用を選択した場合でも、どの項目まで計算に含めるのかが課題となる。このように、表現する尺度は各々に問題を孕み、論者によっても統一が図られていない。そのため、適正規模の概念はこれらの基準の曖昧さから実証分析が困難であるとの指摘もなされている。したがって、存立条件を現実に援用する場合には、利用可能な資料の制約に注意を払いつつ、上記の諸点も併せて考慮しなければならない。

　以上を踏まえ、本章では工業統計表を利用し、従業員規模別（従業員規模区分の秘匿が多数を占める場合は全体の平均）で事業所の付加価値生産性の数値を利用して金型製造企業の存立条件を検討する。このように、本章では長期的かつ網羅的に細分類業種別の分析ができる資料という制約から企業単位ではなく、事業所単位を考察の対象とする。また、総資本利潤率などの他の適正に関する指標を併用せずに1人当り付加価値額から存立条件を分析する。その理由は工業統計表から得られるデータに限りがあるためであるが、付加価値生産性が事業所の能率を測定するために不可欠な指標であると判断したためである[3]。ただし、各々の節では一般的・普遍的な条件だけでなく、経済的非合理性や歴史的展開も適宜織り交ぜて金型製造企業の存立条件を検証する。

3. 金型産業の存立条件

（1）金型産業の発展過程

　まず、金型産業の軌跡を歴史的に辿ってみる。金型産業が工業統計表に最初に掲載された1967年から2015年までの従業員数4人以上を対象とした事業所数と製造品出荷額の推移を提示したものが**図表4-1**である。出荷額を見れば、金型産業はバブル経済崩壊まで順調に成長してきたことがわかる。1967年には僅か620億円程度の市場規模であったが、1991年のピーク時には2兆円に

手の届く産業にまで発展を遂げた。このように、金型産業はプラザ合意による急激な円高の影響を受けた 1986 年と 1987 年を除き、一貫して出荷額を伸ばしてきた。このような出荷額の急激な増加は、金型のエンドユーザーである自動車産業や家電産業などの完成品産業が好調であったことと深く関係する。さらに、完成品産業の不況時でさえ、金型産業は業績不振を打開するための積極的なモデルチェンジや多品種少量生産の恩恵を受けた。このような風潮から、金型産業は不況知らずの産業であるとまで言われていた。しかしながら、バブル経済崩壊後の出荷額は大幅に下落した。軽自動車の車体規格の変更に伴うモデルチェンジやパソコンの好調な売れ行きに支えられ、1998 年には出荷額がピーク時の金額に近付いた。ところが、2008 年に起こったリーマンショックの影響から、2009 年の出荷額は 1 兆円前後にまで下降した。そこから回復したものの、2015 年現在は完成品産業の海外事業展開の本格化などもあり、1 兆 3,000 億円程度に留まっている。

図表 4-1　日本の金型産業の事業所数と製造品出荷額

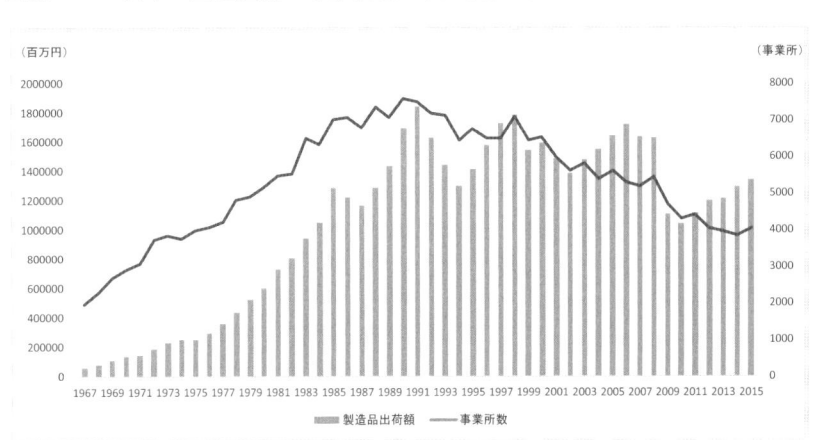

(注) 4 人以上の事業所を対象としている。
出所：『工業統計表 産業編』各年版に基づき筆者作成。

　他方の事業所数は製造品出荷額と若干異なる傾向を持つ。具体的に述べれば、1969 年の金型産業の事業所数は 2,000 事業所にも満たなかった。その後、

事業所数は順調に成長を続け、1990 年に 7,590 事業所まで増加した。このよう
な事業所数の急増からは、多くの熟練技能者が製造品出荷額の拡大に連れ、高
度成長期以降も積極的に創業してきたことが窺える。このように、事業所数は
バブル経済崩壊まで製造品出荷額と似たような道程を歩んできた。しかしなが
ら、バブル経済崩壊後の事業所数は 1998 年に盛り返すも減少基調にある。と
りわけ、リーマンショック後の 2009 年には 5,000 事業所を割り込み、2015 年
時点で 4,000 事業所前後にまで激減している。したがって、事業所数はバブル
経済崩壊からの回復の兆しが未だに見られず、製造品出荷額よりも深刻である。

　また、**図表 4-2** は従業員規模別に事業所数の変遷を提示したものである。
それを確認すれば、事業所数に大きな変動をもたらしているのは、主に従業員
9 名までの事業所である。詳しく追跡すれば、従業員数「4 ～ 9 人」の事業所は、

図表 4-2　金型産業における従業員規模別の事業所数の変遷

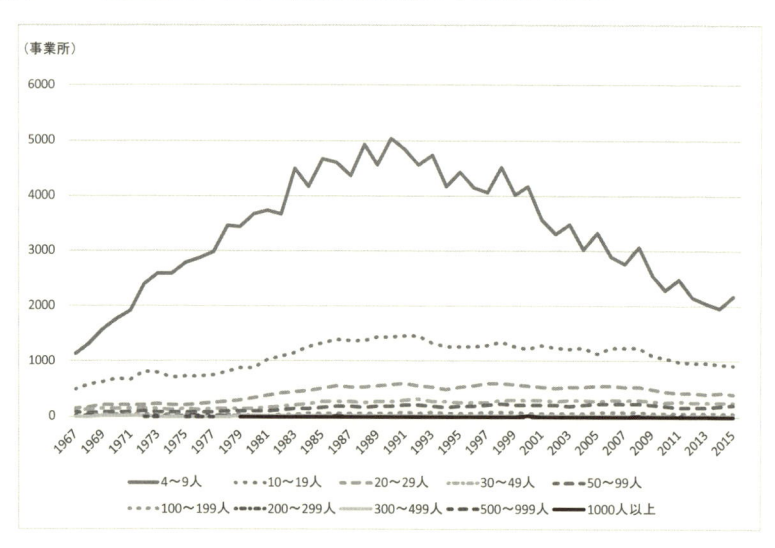

（注）4 人以上の事業所を対象としている。
出所：『工業統計表 産業編』各年版に基づき筆者作成。

　1967 年時点で 1,138 事業所に過ぎなかった。ところが、バブル経済崩壊前の

1990 年には、増減を繰り返しながらも 5,000 事業所まで拡大する。ただし、それ以降は急激に数を減らし、2015 年時点で 2,000 事業所前後にまで激減している。すなわち、金型産業の盛衰と深く関わる 9 名以下の小規模な金型製造企業は変動こそあれ、バブル経済崩壊までその数を増加させて存立条件を固守してきた。ただし、今日ではそのような存立条件が揺らいでいるとも考えられる。

（2）金型製造企業の存立条件

　周知の通り、金型は最終需要先である完成品産業が大量の製品を安定した品質で安価に製造するために不可欠なマザーツールである。そのため、本来は量産を行う完成品製造企業、部品製造企業、成形加工企業が差別化を図るために自ら金型を手掛けるはずである。ところが、それらの企業では、内製する一部のものを除き、多くを外部の金型製造企業に依存する。その結果、日本の金型産業は、完成品産業の成長と共にバブル経済崩壊まで拡大した。したがって、近年の小規模な金型製造企業の存立条件の変化を検討するためにも、その前提となる金型がなぜ独立した産業として認められ、存立できたのかを考察する必要がある。**図表 4-3** は、金型を中心に見た取引構造を図示したものである。最大の需要先である自動車を例に挙げれば、プレス、鍛造、粉末冶金、プラスチック、ダイカスト、鋳造、ゴム、ガラスなどの多種の金型が使用される。金型製造企業は、これらの型種の異なる金型を製造して成形・加工のみを行う成形加工企業や部品を生産する部品製造企業に納入する。そして、成形加工企業や部品製造企業が金型を使用し、多彩な原材料から各種の部品を生産する。さらに、自動車製造企業が成形加工企業や部品製造企業が納めた部品を用いて自動車を組み立てている。

　このような原材料製造企業、金型製造企業、成形加工企業、部品製造企業、完成品製造企業の企業規模は著しく異なる。**図表 4-4** は、5 つの時代区分における自動車関連の主要な産業の 1 事業所当りの従業員数・1 人当りの付加価値額・1 人当り現金給与総額を示したものである。上段の 1 事業所当りの従業員数における 1975 年の結果を見れば、川上に属する鉄鋼業や非鉄金属工業、

図表4-3 金型を中心に見た取引構造

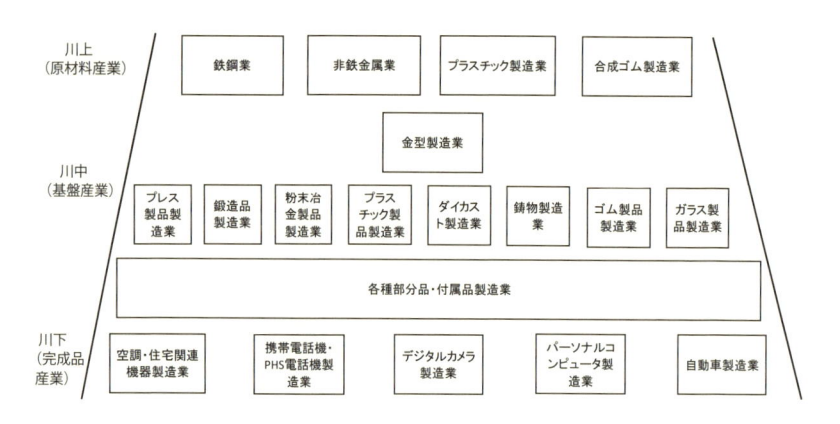

出所：新素形材産業ビジョン策定委員会（2013）『新素形材産業ビジョン』素形材センター（p.37）を筆者が加筆・修正。

川下に属する自動車製造企業の企業規模が大きいことが理解できる。そして、川中に属する基盤産業や部品製造企業の中でも、金型製造企業やプレス製品製造企業の企業規模の小ささが目立っている。また、時系列で見れば、川上と川下の企業は企業規模を縮小しているが、川中の企業が企業規模を拡大していることがわかる。さらに、中段は先ほどの主要な産業の従業員1人当り付加価値額を整理したものである。1975年時点を見れば、川上と川下の鉄鋼業、非鉄金属工業、自動車製造業の1人当り付加価値額は総じて高いが、企業規模ほど金型製造企業との開きが生じていない。それに加え、金型製造企業は、川中の部品製造企業や他の基盤産業と比べて1人当り付加価値額で見劣りしない。しかしながら、時系列で比較すれば、金型製造企業の1人当り付加価値額が伸び悩んでいる。したがって、金型製造企業は川中に属する基盤産業の中でも特に小規模であるが、1人当り付加価値額ではそれらに引けを取らないことが明らかになった。言い換えれば、金型産業は企業規模拡大に伴う利益があまり生じない産業である。ただし、バブル経済崩壊後からは付加価値生産性が低迷し、他の基盤産業との格差が広がってきたとも考えられる。なお、経済的非合理性

を確認するため、主要な産業の 1 人当り現金給与総額を提示したものが下段である。それを見れば、金型産業が他の基盤産業と比較して 1 人当り現金給与総額が特に低いものではなかった。また、1 人当り付加価値額の停滞が見られたバブル経済崩壊後でも、金型産業の現金給与総額があまり下がっていない。

　それではなぜ日本では金型産業が独立した産業として存立し、バブル経済崩壊まで高い能率を維持できたのであろうか。それはロビンソンが指摘した管理的要因の調整の問題や小規模経営の利点、危険負担及び景気変動要因の需要の周期的・不規則的変動から説明することができる。すなわち、金型は最終需要先である完成品製造企業の個別仕様に合わせた受注生産を基本としている。また、金型を製造する企業はモデルチェンジなどの新製品導入時期に短期間で集中して受注が起こり、安定した操業を望むことが困難である。さらに、金型は製造する型種やサイズによって必要とされる設備や技能が異なり、磨きなどの細やかな手作業が必要になる。したがって、金型は完成品や部品と異なり、高度に機械化された大量生産に適する設備や技能に馴染み難く、生産条件の変化に柔軟に対応しなければならない。このことは金型産業が大規模化の利益を享受し辛く、外注として利用され易いことや小規模のままで存立することの根拠を提供する。それだけでなく、日本の金型製造企業は特定の取引先企業から所定の部品の金型を継続して受注することによって必要な技能を高めてきた。さらに、国内の金型製造企業は、完成品製造企業の要求する厳しい品質・コスト・納期を実現するため、切削加工、研削加工、電気加工などの専用の機械に対して意欲的に投資してきた。それに呼応するように、機械工業振興臨時措置法の指定業種に認定されたことや、業界団体の強い要望に応えるように工作機械メーカーの割賦購入への対応も早期から行われてきた（平山（2007）、pp.18-23、米倉（1993）、pp.265-286）。したがって、バブル経済崩壊までの金型産業では、各社が長期継続取引に甘んじることなく、高度な技能と高価な設備を保有することに努めてきた。

　しかしながら、個々の金型製造企業の自助努力だけでは、需要の繁閑に対応することに限界があり、特殊な加工に用いる設備投資の負担や稼働率の低下を

図表 4-4　自動車関連産業の単位当り各指標

1事業所当り従業員数(人)

		1975	1985	1995	2005	2015
川上	鉄鋼業	1039.4	1000.5	752.2	486.9	536.9
	非鉄金属工業	68.9	47.5	52.1	48.4	52.1
川中	金型製造業	12.0	13.2	13.9	16.9	18.9
	プレス製品製造業	13.3	14.2	16.6	19.1	21.3
	鍛造品製造業	30.1	25.0	29.2	32.2	31.5
	粉末冶金製品製造業	63.2	91.1	79.1	86.6	108.0
	ダイカスト製造業	27.7	25.8	26.8	34.3	39.9
	鋳物製造業	23.1	21.1	24.6	29.1	31.0
	自動車部品製造業	44.6	48.4	51.4	66.3	85.7
川下	自動車製造業	4759.6	4104.8	3594.6	3315.8	2158.3

1人当り付加価値額(百万円)

		1975	1985	1995	2005	2015
川上	鉄鋼業	5.8	16.8	23.7	55.9	21.2
	非鉄金属工業	5.1	12.7	15.3	26.2	25.9
川中	金型製造業	3.2	8.2	8.7	9.6	8.5
	プレス製品製造業	2.9	5.8	8.6	8.4	8.1
	鍛造品製造業	4.4	8.4	10.6	11.9	10.6
	粉末冶金製造業	3.0	9.3	10.3	10.8	13.9
	ダイカスト製造業	3.6	8.6	11.8	11.0	8.4
	鋳物製造業	3.1	7.1	9.5	10.3	9.1
	自動車部品製造業	3.7	7.5	10.7	11.3	14.8
川下	自動車製造業	6.6	18.0	24.2	36.8	30.2

1人当り現金給与総額(百万円)

		1975	1985	1995	2005	2015
川上	鉄鋼業	2.9	5.4	7.6	8.4	7.0
	非鉄金属工業	2.5	4.4	5.5	5.5	5.3
川中	金型製造業	1.9	3.7	4.8	4.7	4.5
	プレス製品製造業	1.5	2.8	4.0	3.8	3.9
	鍛造品製造業	2.3	3.9	5.2	4.9	4.8
	粉末冶金製造業	2.1	3.9	4.4	5.5	5.5
	ダイカスト製造業	1.9	3.2	4.3	4.1	4.3
	鋳物製造業	2.0	3.6	4.8	4.5	4.4
	自動車部品製造業	1.8	3.6	4.9	5.1	5.5
川下	自動車製造業	2.4	5.1	6.7	7.4	6.6

(注1) 4 人以上の事業所を対象としている。

(注2) 鉄鋼業（高炉による製鉄業、製鋼・製鋼圧延業、熱間圧延業、冷間圧延業）、非鉄金属工業（非鉄金属第１次製錬・精製業、非鉄金属第２次製錬・精製業（非鉄金属合金製造業を含む））、金型製造業（金型・同部分品・附属品製造業、金属用金型・同部分品・付属品製造業、非金属用金型・同部分品・付属品製造業）、プレス製品製造企業（アルミニウム・同合金プレス製品製造業、金属プレス製品製造業）、鍛造品製造業（鍛工品製造業、非鉄金属鍛造品製造業）、粉末冶金製品製造業（粉末冶金製品製造業）、ダイカスト製造業（アルミニウム・同合金ダイカスト製造業、非鉄金属ダイカスト製造業）、鋳物製造業（銑鉄鋳物製造業、可鍛鋳鉄製造業、銅・同合金鋳物製造業、非鉄金属鋳物製造業）、自動車部品製造業（自動車部分品・付属品製造業）、自動車製造業（自動車製造業）として抽出した。

出所：『工業統計表 産業編』各年版に基づき筆者作成。

免れることができない。それに対し、日本の金型産業では、完成品製造企業、部品製造企業、成形加工企業の近隣に無数の金型製造企業が叢生してきた。そして、大規模な金型製造企業は、完成品製造企業から大型の金型とその周辺の

金型をユニットで受注し、小型の金型やそこで要する部品を新規に創業したものも含めた小規模な金型製造企業へ積極的に発注して設備・技能や市場の規模間の棲み分けを図ってきた（田口（2011）、pp.43-70、村社（1999）、pp.135-140）。さらに、小規模な金型製造企業同士も、需要変動に対応するために意識的に同業種間で取引を行い、経営を安定させることを心掛けてきた（加藤（2009）、pp133-167）。これらの日本の金型製造企業における重層的な分業関係や仲間取引は、特定の用途に特化した設備や技能を有する小規模な企業が能率を維持しながら存立することを後押しし、産業総体として他の金型先進国に対する高度な競争優位を構築した。上記のことから、欧米諸国に比べて相対的に資本不足に悩まされていた完成品産業は、デザイン・インなどに見られるように独立した外部の金型産業を効果的に活用し、国際競争力を高めてきたと言えよう。

4. 金型産業の存立条件の変化

（1）小規模な金型製造企業の低迷

　しかしながら、**図表 4-2** で確認した通り、今日では大多数を占める小規模な金型製造企業の存立が危ぶまれている。今度は金型産業のみに対象を絞り、従業員規模別でより長期的な視点から存立条件を検討する。**図表 4-5** は、1970 年から 2015 年までの 1 人当り付加価値額・1 人当り現金給与総額を算出したものである。上段の 1 人当り付加価値額で小規模な金型製造企業に該当する「4 〜 9 人」の事業所を捕捉すれば、1970 年に 170 万円前後であった付加価値額が 1990 年に 880 万円近くにまで成長している。また、他の従業員区分と時系列で比較すれば、「4 〜 9 人」の事業所は 1 人当り付加価値額が最低であることが多い。ただし、1990 年代に至るまでは、1985 年を除き、最大の 1 人当り付加価値額を誇る区分との差があまり生じていない。したがって、小規模な金型製造企業はバブル経済崩壊まで順調に付加価値生産性を高めており、企

業規模間の格差も小さいことがわかる。

図表 4-5　金型産業における従業員規模別事業所の単位当り各指標の推移

1人当り付加価値額(百万円)

	1970	1975	1980	1985	1990	1995	2000	2005	2010	2015
4～ 9人	1.69	2.95	5.34	6.87	8.78	8.15	7.91	7.87	6.06	7.07
10～ 19人	1.97	3.43	6.19	7.63	9.56	8.62	8.65	9.54	7.28	8.42
20～ 29人	2.15	3.42	6.48	7.71	9.54	8.99	8.69	10.17	7.28	9.32
30～ 49人	2.12	3.30	6.39	7.35	9.53	8.73	9.19	9.26	6.85	7.98
50～ 99人	2.20	3.53	5.96	7.84	9.29	8.82	9.08	9.73	7.38	9.71
100～ 199人	1.96	3.32	6.15	8.18	9.77	9.44	※N/A	11.98	7.00	9.75
200人 以 上	2.30	2.69	7.29	18.92	10.47	9.46	※N/A	10.31	5.51	7.73

1人当り現金給与総額(百万円)

	1970	1975	1980	1985	1990	1995	2000	2005	2010	2015
4～ 9人	0.78	1.60	2.41	3.38	4.12	4.31	4.43	4.07	3.63	3.48
10～ 19人	0.95	1.93	2.92	3.85	4.52	4.86	4.97	4.67	4.09	4.20
20～ 29人	1.03	2.04	2.97	3.82	4.48	4.88	4.99	4.73	4.14	4.48
30～ 49人	0.96	1.99	3.21	3.81	4.54	4.74	4.88	4.65	4.27	4.57
50～ 99人	0.92	2.08	3.06	3.78	4.31	4.80	5.30	4.85	4.32	4.75
100～ 199人	0.99	2.00	3.10	4.03	4.50	4.92	※N/A	4.88	4.68	5.29
200人 以 上	0.95	2.19	3.48	4.23	5.43	5.78	※N/A	5.94	5.59	5.53

（注）4人以上の事業所を対象としている。
出所：『工業統計表 産業編』各年版に基づき筆者作成。

　ところが、バブル経済崩壊以降は様相が一変する。「4～9人」の事業所の1人当り付加価値額は、700万円程度にまで下落している。このようなバブル経済崩壊後の付加価値生産性の低迷は他の従業員区分と対比すればより鮮明になる。製造品出荷額のピーク付近である1990年を基準にすれば、2015年時点の「4～9人」の1人当り付加価値額は8割程度にしか回復していない。それに対し、「50～99人」の付加価値額は当時を上回っている。ただし、最も大きな企業規模である「200人以上」の1人当り付加価値額は、「4～9人」よりも落ち込みが激しく、およそ7割しか回復していないことにも留意する必要がある。

　このような小規模な金型製造企業の付加価値額の減少は、現金給与総額にも如実に反映している。**図表 4-5** の下段は従業員規模別に1人当り現金給与総額を計算したものである。先ほどの付加価値額と同様、「4～9人」の事業所を中心に把握すれば、バブル経済崩壊までは企業規模が最大の「200人以上」の1人当り現金給与総額と比べてもあまり差が無い。言い換えれば、そのような小さい格差は果敢な新規創業へのインセンティブとして作用したとも考えら

れる。しかしながら、バブル経済崩壊後はその差が大きく開いていることが読み取れる。先程と同様に 1990 年と 2015 年の 2 時点における 1 人当り現金給与総額を比べれば、「4 ～ 9 人」の事業所は 15％落ち込んでいるが、「200 人以上」の事業所が 1％上昇している。また、他の時期区分や従業員区分を参照しても、「4 ～ 9 人」の事業所の現金給与総額の下落が目立つ。その傾向はリーマンショック以降で顕著になっている。

（2）小規模な金型製造企業の存立条件の変化

　これまでの分析結果に基づき、小規模な金型製造企業の存立条件の変化を検討する。そもそも、小規模な金型製造企業の減少は 3 つの理由から生じている。それは転廃業や倒産の増加、新規創業の減少、拡大による規模間の移動の 3 点である。**図表 4-2** で見てきたように、今日では多くの従業員区分で事業所数が減少しており、規模間の移動は他のものと比べて少ないと考えている。したがって、転廃業や倒産の増加と新規創業の減少という 2 点に関して考察を深めていく。一方の転廃業や倒産の増加は、主にロビンソンの金融的要因における借入能力（利子率と金額）の問題に関係する。バブル経済崩壊以降、家電を中心とした完成品産業は国内外の企業同士の熾烈な競争により、企業業績が低迷しているものも多い。それにより、完成品産業は部品点数の削減や共通化を積極的に推進している。また、完成品産業は躍進する東アジア諸国のライバルと競争するため、新興国をはじめグローバルに事業を展開している。そのような中で、日本の金型製造企業に対する品質・コスト・納期の要求は一段と厳しくなり、精度が高い金型を海外で供給することが望まれるようになってきた。したがって、このような要求に応えるためには、今まで以上に多額の資金が必要になる。一例を挙げれば、高品質で低価格の金型を迅速に提供するためには、最新鋭の NC 工作機械やシステムの更新が頻繁に生じる 3 次元 CAD などを導入することが不可欠である。しかしながら、小規模な金型製造企業では、設備投資を自己資金で賄うだけの付加価値額を得られていない。さらに、先行きの不透明さから金融機関からの資金調達も一層厳しくなっている。つまり、小規

模な金型製造企業は新規の設備投資ができず、より低い付加価値額に甘んじなければならない。また、このような付加価値額の低迷は現金給与総額の低下を招くことに繋がる。その結果、経営者の見通しはさらに暗くなり、転廃業の増加や後継者不足へと直結する。

　他方の新規創業の減少は、スタインドルが述べる中小企業の経営者の賭博的な態度の変容と関連する。先ほど述べた多額の設備投資は開業資金の負担増加となる。より具体的に述べれば、金型産業は部品製造企業や成形加工企業と異なり、大量生産に要する大掛かりな設備を導入する必要がない。極言すれば、以前の金型産業では一人の有能な熟練技能者が中古の旋盤一台を購入することで独立することができた。さらに、**図表 4-4** の下段の通り、以前の金型産業は独立後に金型を用いる他の基盤産業にも劣らない所得を獲得できた。しかしながら、近年ではそのような非 NC 工作機械を単独で導入して開業することが困難になってきた。また、従来は大規模な金型製造企業と小規模な金型製造企業の現金給与総額の格差が少なく、優れた技能を持つ労働者が独立し、より多くの所得を得ようとするモチベーションが働き易い創業環境であった。ところが、バブル経済崩壊以降は企業規模間の現金給与総額の格差が広がり、自ら新規に金型製造企業を開業するよりも既存の勤務先で安定して勤める方が高い所得を得られる可能性がある。このような開業資金の増大と現金給与総額の企業規模間の格差拡大が経営者予備軍の賭博的な態度を消極的にしている恐れがある。

　以上のことから、大規模化の利益を得難いという金型そのものの技術的な特性はバブル経済崩壊以降も大幅な変化が生じていない。そして、国内の金型需要は減少したとはいえ、まだ一定程度存在している。しかしながら、今日の金型産業では適正規模の下限が引き上げられており、追加の固定資本への投資ができない小規模な金型製造企業の能率が減退して窮迫している。さらに、投資を行った場合でも、同規模の企業間で行ってきた仲間取引が減少しており、高い資本効率を望むことが困難な状況にある（藤川（2014b）、pp.116-117）。また、金型産業では小規模だけでなく、大規模な企業においても大幅に能率が低落し

ている。現在の大規模な金型製造企業は、可能な限り多くの付加価値額を確保するため、国内に発注してきた小型の部品や金型を東アジア諸国の金型製造企業に依頼することを進めている（藤川（2014a）、pp.167-170）。このような日本の重層的な分業関係の消失も、小規模な金型製造企業の能率低下に拍車を掛けて存立条件が悪化しているとも考えられる。

5.　おわりに

　本章では適正規模論を金型産業に適用し、日本の基盤産業における存立条件の変化を検討してきた。国内製造業の基盤的な技術を担う産業群は今後も厳しい経営環境に晒されることが予想される。ここで行った理論的な分析は、日本の基盤産業が抱える永遠のテーマの一つである、如何なる企業規模が望ましいのかという企業規模と能率の問題を考えるための実践的な示唆を持つと考えている。ただし、本章では国際競争力を急激に高める東アジア諸国の基盤産業にまで言及して企業規模と能率の関係を検証することができなかった。また、昨今のグローバルな競争の激化は日本の高度に発達した基盤産業においても例外ではない。そのため、国内基盤産業が生き残りを賭けて能動的に海外事業展開の可能性を模索する事例も数多く見受けられる。このような他の諸外国における存立条件の考察や、海外展開が及ぼす本国への影響に関する分析は残された課題としたい。

【注記】

(1)　初版は 1909 年であるが、本稿の引用頁では 1910 年出版の第 2 版を用いている。
(2)　初版は 1931 年であるが、本稿の引用頁では 1958 年出版の第 4 版を用いている。
(3)　末松（1961）や瀧澤（1965）も、適正規模を実証する際に使用する各々の指標を検証し、従業員規模別に見た事業所の 1 人当り付加価値額を分析に用いている。

【参考文献】

加藤厚海（2009）『需要変動と産業集積の力学』白桃書房。

佐竹隆幸（2008）『中小企業存立論』ミネルヴァ書房。

新素形材産業ビジョン策定委員会（2013）『新素形材産業ビジョン』素形材センター。

末松玄六（1943）『最適工業経営論』同文館。

末松玄六（1961）『中小企業成長論』ダイヤモンド社。

瀧澤菊太郎（1965）『日本工業の構造分析』春秋社。

田杉競（1941）『下請制工業論』有斐閣。

田口直樹（2011）『産業技術競争力と金型産業』ミネルヴァ書房。

平山勉（2007）「高度成長期前半における金型製造業の設備投資動向」『歴史と経済』第197号。

藤川健（2014a）「金型産業の技術競争力の再考」日本中小企業学会編『アジア大の分業構造と中小企業』同友館。

藤川健（2014b）「構造不況期における小規模金型製造企業の存立基盤」『大阪経大論集』第65巻第2号。

村社隆（1999）「中小資本財工業の国際化過程と構造変化 − 金型工業のケース −〔Ⅱ〕」『経営情報研究』第4号。

山中篤太郎（1967）「適度規模概念と中小企業」末松玄六・瀧澤菊太郎編著『適正規模と中小企業』有斐閣。

米倉誠一郎（1993）「政府と企業のダイナミクス：産業政策のソフトな側面」『一橋大学研究年報　商学研究』第33号。

Hobson, J. A.（1910）*The Industrial System*, London, Augustus M. Kelley.

Robinson, E. A. G.（1958）*The Structure of Competitive Industry*, London, Nisbet and Cambridge University Press.

Steindl, J.（1947）*Small and Big Business –Economic Problems of the Size of Firms-,* Oxford, Basil Blackwell.（米田清貴・加藤誠一訳（1956）『小企業と大企業』巌松堂出版）

第5章

大阪における
地場産業の歴史と変貌

義永忠一

1. はじめに

　経済環境が著しく変化する現在、国内の産業動向を明らかにすることは、地域経済を考える上で重要な課題である。本章では、都市型産業集積を含む地域として大阪に注目し、大阪における地場産業の発展過程の一端を、先行研究の整理と試行的な定性的調査によって明らかにしたい。

　大阪府（2017）は、直近 70 年間の大阪における産業発展史について、特に輸移出産業に焦点を当ててまとめている。そこでは、大阪経済に大きな影響を及ぼした繊維や電気機械器具などの産業動向が分析されているが、かつて輸移出産業として存在感を示した地場産業には触れられていない。本章では大阪の地場産業の一つでありながら、これまで注目されることの少なかった「眼鏡類製造業」を対象として、地場産業の発展と縮小の過程を記述する。また、地域の産業全体としては縮小傾向にある中で、事業を継続・発展させている企業の特徴についても検討する。

　以下 2 節では先行研究を整理し、本章の課題を明示する。3 節では、大阪における眼鏡類製造業に関する先行研究の整理から 1990 年代までの動向を概観する。続いて 4 節では 1990 年以降の統計を整理した上で、2019 年時点において Web 上から確認でき、かつ製造業企業が参加する業界団体（近畿眼鏡類協同組合）に対する定性的調査結果の一部を示す。そして、5 節でまとめを行い、本研究の今後の課題を述べる。

2. 問題の所在

（1）先行研究の整理

　山崎（1977）は、地場産業について「特定地域に起こった時期が歴史的に古いこと」、「特定地域に同一業種の中小零細企業が地域的企業集団を形成して集

中立地」、「生産・販売構造が産地単位の社会的分業体制」、「地域独自の特産品を生産」、「全国や海外の広い市場に製品を販売」という特性を持った産業と定義している (pp. 6-9)。大阪経済における地場産業の動向をまとめた前田 (2005) は、府内 49 の地場産業を「事業所数の増加と1事業所当たり出荷額の増加が並存している業種」(成長型：作業手袋、婦人子供服等7業種)、「事業所数の増加と1事業所当たり出荷額の減少が並存している業種」(競争激化型：敷物、ゴム製・プラスチック製はきもの、普通合板の3業種)、「事業所数の減少と1事業所当たり出荷額の減少が並存している業種」(衰退型：紡績、撚糸等5業種)、「事業所数の減少と1事業所当たり出荷額の増加が並存している業種」(淘汰・集中型：綿スフ織物、タオル、毛布等等34業種) の4つに分類し、「急激な円高と狂乱じみたバブルの結果、全体としては集中・再編が異常とも言えるほどのスピードで進行し、急速にその活力を失っている構造」を指摘している。前田 (2005) 以降、粂野 (2007) の大阪府堺市における自転車産業、西岡 (2014) の東大阪市枚岡における伸線業の研究などが発表されているものの、大阪における地場産業研究の研究は、数が限られる上、機械工業に偏る傾向がある。

　一方、大阪の産業発展に関する歴史研究としては、沢井 (2013) が挙げられよう。沢井 (2013) は、工業集積の拡大過程そして機械工業に注目し、「産業集積」「製造問屋」「公設試験研究機関」をキーワードに近代大阪の「産業発展の諸相」を明らかにしている (p.389)。続く沢井 (2014) では、研究対象期間をより現代に近づけ、同様の視点で分析が継続されている。このような研究は、植田 (2004) が示す研究の流れに沿うものと認識する。機械工業への関心は、サプライヤシステム形成過程の解明につながるものである。この視点に立つと、産業発展における企業、特に中小企業への関心は、機械工業内において軽工業から重工業へと発展もしくは展開する過程となる。田中 (2017) では、1950 年代、60 年代における大阪のミシン、繊維機械、自転車を対象に生産品目を転換 (田中 (2017) の表現では「シフト」) する中小企業に注目している。上述の前田 (2005) も、「敷物」を取り上げているものの、東大阪市における地場産業に注目していることから機械工業への言及が多くなっている。

（2）課題の提示

　大阪における地場産業は日本全体の地場産業・産業集積と同様に「縮小」傾向にある。一方、上に示した前田（2005）の 4 分類の中で「事業所数の減少と 1 事業所当たり出荷額の増加が並存している」（淘汰・集中型）とされる業種が最も多いことから、「集中・再編」が進んでいることも明らかである。このことは、産業全体としては縮小傾向にある中で、個別には企業規模を維持、もしくは成長を遂げた企業も存在していることを示唆している。そこで本章では、前田（2005）が示した淘汰・集中型に分類される大阪の地場産業のうち、これまであまり注目されてこなかった眼鏡類製造業を対象として、産業全体の発展過程を確認する。また、産業全体としては「縮小」傾向にある中で、維持・成長を遂げた企業の特徴についても検討する。

　後述するように、かつて大阪は、眼鏡類の主要な生産拠点であり輸出拠点であった。しかし大阪における眼鏡の出荷額は 1985 年を境に低迷し、一旦 1990 年に盛り返した以後、再び低迷することになる（**図表 5-1**）。こうした状況を反映してか、大阪における眼鏡類産業の研究は、近年ほとんど見当たらない。上田（1979, 1991）や天川（1989）以降、松永（2006）が生野区における眼鏡類産業の存在に触れているが（p.70, 注 41）、分析までには至っていない。

　一方、「眼鏡産業」といえば、福井県鯖江が我が国を代表する地域とされ、地場産業研究として数多の先行研究が存在する。鯖江の眼鏡枠工業の研究である宮川（1976）には、大阪や東京との比較を通して福井の眼鏡レンズ産業について若干の言及がある。大阪を「生産形態を変えながらも残存していく大都市零細工業」と捉え、鯖江を「それと類似しながらもその生産拠点を地方に転じていく大都市零細工業の性格をもった工業」と指摘している（p.27）。宮川（1976）以降の鯖江に関する研究では、大阪への言及はない。

　工業統計品目編における都道府県別の「眼鏡」の出荷額の推移を見ると、常に、福井が国内出荷額の第 1 位を占めていた。しかし最新の 2016 年では、全国出荷額におけるシェアにおいて福井が 36.7% であるのに対し、大阪は 33.0% と盛り返している（**図表 5-1**）。この数値からもわかるように、特にサングラ

スや保護眼鏡の製造において、大阪は依然として主要な産地なのである。

図表 5-1　眼鏡　出荷額（都道府県別）

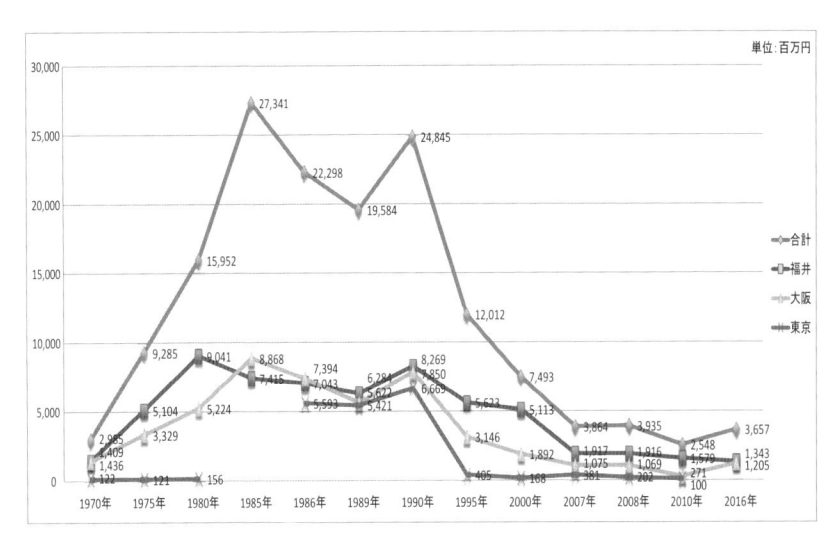

（注）1980 年までは、3 人以下の事業所も含まれる。データ数が少なく秘匿された年は、欠損している。
出所：『工業統計　品目編』隔年版より筆者作成。

▌3．大阪における眼鏡類産業の発展過程

　本節では、大阪の経済活動を中心に研究を重ねた機関である大阪府立商工経済研究所（その後大阪府立産業開発研究所、現在大阪産業経済リサーチセンター）の膨大な研究蓄積を中心とした眼鏡類産業の先行研究を整理し、1990年代までの大阪における眼鏡類産業の発展過程について、(1) 事業所数及び出荷高の推移、(2) 輸出関連の推移、の 2 点から提示する。

（1）事業所数及び出荷高の推移

① 1873 年から 1937 年まで

　我が国における眼鏡レンズ産業の起源は、1873（明治6）年に求められる。科学的な加工技術が我が国にもたらされたのは、1873 年にオーストリアの首都ウィーンで開催された博覧会が契機とされる。一方大阪では幕末の頃、大阪の東成郡生野村字田島の農家石田太次郎が、幼少の頃右足の自由を失い農事に従事することができずにいたので、丹波で眼鏡製造の技法を習得して帰郷し、1857（安政4）年に眼鏡の加工製作を始めた。その後石田氏から技術伝習を受けるものが次第に多くなり、田島の村はこぞってその業を共にし、田島眼鏡の名声が世間に現れるようになった（杉江編（1950）、pp.365-367）。その後も生野田島町の眼鏡加工業者（度付加工）は発展し、1926（大正15）年頃には70余を数えるまでになり、全町こぞって眼鏡加工に従事するという状態であり、眼鏡レンズの輸出も年ごとに増大していった（大阪市役所編（1926）、pp.212-213）。1937 年ごろの輸出総額は、壜、コップ、鏡に次ぐものであり、ガラス製品のうちでも重要輸出品の一つにあげられていた（杉江編（1950）、p.371）。日中戦争開始の年に眼鏡レンズ輸出はピークを迎えたが、戦争開始とともに状況が一変する。

② 1945 年から 1960 年まで

　戦後大阪地区の度付業者は、ほとんどが戦災を免れ設備も温存されていた。しかし、戦時中多くが企業閉鎖し、1947（昭和22）年頃までは、操業企業数は戦前の半ば程度に止っていた。国内需要は逐月増大したが、外国市場は中国、満州等の大市場を失った為、1948 年になっても輸出は僅か39 千ダースに過ぎず、電力の統制もあって 1949 年頃までは専ら国内需要を満たすに止まった（大阪府立商工経済研究所（1956）、p.4）。

　1954 年当時の我が国における眼鏡レンズ製造は、大阪、東京、福井、京都、愛知、北海道等で行われていたが、大阪には約 180 の企業が立地し、国内生産高のほぼ 90% を占めた。残りは、東京地区（37 企業）であった。大阪地区の

180 社のうち、120 社が大阪市生野区田島町に立地した。田島町以外では、大阪府岸和田地区に 15 〜 16 社の研磨業者や、その他 30 数社は生野区、東住吉区などに多く立地し、枠業者、研磨業者、熱処理業者、原料部門のレンズ素地メーカーなどであった（大阪府立商工経済研究所（1956）、pp.1-3）。

　東京地区や岸和田地区は、国内向けの高級品、特殊品を製造し、大阪市生野区田島地区は、輸出向けを対象とした並レンズを製造し生産高の 60 〜 70% が輸出された。生野区田島地区とその周辺地区における度付業者、組立業者の輸出高は、全国輸出高の 95% 以上を占めたとみられる。輸出品はサングラス（枠付も含む）が総額の 50 〜 60% を占め、度付レンズは老眼用を主としこれに若干の拡大鏡が加わった（大阪府立商工経済研究所（1956）、p.3）。

③ 1960 年から 1980 年まで

　1960 年から 1980 年における交易条件の変化として、1971（昭和 46）年 8 月のドル・ショックと、その後の円の変動相場制への移行がある。大阪の雑貨産業（洋傘など）は、ドル・ショック以降輸出競争力が落ち、かつ輸入が増加したことで、大きな負の影響が出た（大阪府立商工経済研究所（1977）、p.8）が、同様に雑貨産業と位置づけられる眼鏡レンズ産業には大きな影響は現れず、1980 年まで眼鏡類の出荷額は安定して拡大を続けた。一方、大阪府下の眼鏡類の事業所数は 1976 年をピークに減少し始める（**図表 5-2**）。

　戦後国内生産高の 90% を占めた大阪の眼鏡レンズ産業であったが、1960 年代を通して東京地区の大手光学機械メーカーや、1962 年より眼鏡レンズの生産を始めた大手ガラスメーカーが販売額を増大させたことにより（河崎（1970）、p.414）、大阪の眼鏡レンズ産業のシェア低下が見られる。また眼鏡（完成品）の生産高については、大阪の場合、サングラスがほとんどであったと考えられ、1950 年と比較して 1967 年には 38.4 倍と大幅に増加した（**図表 5-3**）。大阪における眼鏡（完成品）の生産額の増加理由は、海外需要の伸張によるものと考えられる（河崎（1970）、p.414）。

84

図表 5-2　眼鏡類出荷額、輸出額の推移

(単位：百万円)

年次	全国		大阪府		大阪地区
	事業所数	出荷額	事業所数	出荷額	輸出額
1970年	1,170	25,815	293	4,451	-
1973年	1,241	44,909	287	6,279	4,720
1975年	1,296	67,027	309	9,123	6,146
1976年	1,315	85,720	313	10,871	6,912
1977年	1,301	95,616	285	11,440	6,561
1978年	1,460	94,607	281	11,926	4,104
1979年	1,415	107,991	258	12,757	3,798
1980年	1,355	114,844	259	13,344	5,423
1981年	1,173	117,963	220	12,910	4,941
1982年					5,246

（元注）
1. 1981（昭和56）年の出荷額は従業者1～3人層の推計値を含む。
2. 輸出額は年度。
元資料：事業所数、出荷額の全国は工業統計表産業編、大阪府は工業統計調査結果表。
　　　　輸出額は日本眼鏡普及光学機器検査協会資料。
（注）1970年の数値は、大阪府商工部工業課・大阪府立商工経済研究所（1981）、p.372、第1表より抜粋。元資料は
　　　大阪府立商工経済研究所（1984）と同じ。
出所：大阪府商工部工業課・大阪府立商工経済研究所（1981）、p.372、第1表、大阪府立商工経済研究所（1984）p.226
　　　表V－2。

図表 5-3　眼鏡類生産高推移

(単位：百万円)

年次	合計眼鏡レンズ＋眼鏡	眼鏡レンズ						眼鏡（完成品）					
		全国		大阪		東京		全国		大阪		東京	
	金額	金額	比率	金額	比率	金額	比率	金額	比率	金額	比率	金額	比率
1950年	128.1	84.1	100.0	34.0	40.4	31.9	37.9	44.0	100.0	23.5	53.4	0.9	2.1
1955年	498.5	261.6	100.0	108.9	41.6	120.6	46.1	236.9	100.0	227.3	96.0	9.1	3.8
1960年	1,243.4	791.4	100.0	380.0	48.0	212.6	26.9	452.0	100.0	305.5	67.6	19.1	6.3
1965年	4,335.5	3,564.8	100.0	1,117.8	31.4	1,848.8	51.9	770.7	100.0	516.0	66.9	111.8	14.5
1966年	4,947.9	3,979.2	100.0	1,235.4	31.0	1,870.0	47.0	968.7	100.0	613.8	63.3	37.8	3.8
1967年	7,007.5	5,377.1	100.0	1,475.4	27.4	2,266.4	42.1	1,630.4	100.0	903.5	55.4	200.8	12.3
1968年	8,809.0	7,203.8	100.0	1,785.9	24.8	3,525.3	48.9	1,605.2	100.0	878.4	54.7	117.2	13.3

元資料：『工業統計表』。
出所：河崎亜洲夫（1970）、p.414　第3－17表・大阪府立商工経済研究所（1971）、p.34　第12表。

④ 1980 年から 1990 年まで

　1980 年以降の大きな交易条件の変化といえば、1985（昭和 60）年 9 月のプラザ合意以降に急進展した円相場の高騰とその定着のもとで、アジア NIES や ASEAN 諸国製品の急迫を受けたことだ（上田（1991）、p.304）。これに伴って、大阪における眼鏡関連製造業の出荷高、及び従業者数 4 人以上の事業所数も低下した（**図表 5-4**）。さらにプラスチックレンズの需要が 1980 年頃より急激に伸びて、1983 年時点で度付の中に占める比重が 30% に達するなど、大阪ガラスレンズ産地への影響が指摘された（大阪府立商工経済研究所（1984）、pp.225-226）。

図表 5-4　眼鏡製造業の推移

（単位：人、百万円）

年次	全国			大阪		
	事業所数	従業者数	製造品出荷額	事業所数	従業者数	製造品出荷額
1982年	523	10,668	119,035	102	1,172	13,951
1984年	517	11,800	140,874	104	1,242	17,202
1986年	524	13,175	161,943	85	1,225	14,660

元資料：「工業統計表」（産業編）、「大阪府工業統計調査結果」。
（元注）従業者 4 人以上の事業所。
出所：大阪府立産業開発研究所（1989）、p.62　第Ⅳ－1－1表。

（2）輸出関連の推移

　次に大阪における眼鏡レンズ製造で、主要な位置を占めた輸出を中心に紹介する。

①戦後輸出再開の状況

　戦禍を大きく受けなかった大阪市生野区の眼鏡レンズ産業の輸出は、いち早く再開されたが統制の影響もあり、期待するほどは伸びなかった（39 千ダース：1948 年）。1950 年に入って東南アジア、アフリカ、アメリカ方面よりの需要が漸く伸び、メーカー数も戦前の水準まで回復した。以降年毎に増加し

1952年には58万ダース、1953年には86万ダースとなり、1954年には140万ダースと戦前最盛期を凌駕し、1955年には192万ダースを輸出した（**図表5-5**）。

図表5-5　大阪地区輸出実績

（単位：打、千円）

年次	度付レンズ		サングラス		拡大鏡		合計	
	数量	金額	数量	金額	数量	金額	数量	金額
1952年	141,703	64,164	383,626	98,577	55,442	14,380	580,771	177,121
1953年	218,827	54,609	558,908	108,606	79,954	16,412	857,689	179,627
1954年	365,821	115,689	893,428	192,015	136,836	30,437	1,396,085	338,141
1955年	378,908	171,759	1,404,405	289,464	140,972	44,370	1,924,285	505,593

（元注）
1．本表は大阪眼鏡レンズ製造工業組合及び大阪レンズ工業協組の輸出実績を合計したものである。
2．完成品（枠付）の場合は枠台を含む。
3．度付レンズ及びサングラスの1打とはレンズ24枚（12組分）である。
4．本表の数字は全国の95％以上にあたるものとみられている。
出所：大阪府立商工経済研究所（1956）、pp.4-5　第1表（数値は記載のママ）を集計し筆者作成。

　戦後の輸出増加の一方で、輸出単価の下落が起こった。その要因は、有力な競争国の出現ではなく、主要輸出先である東南アジア、アフリカ方面からの買叩きとの指摘（大阪府立商工経済研究所（1956）、p.5）や、輸出の順調な増加が新規参入業者の増加を招き、このため過当競争が起こったことも指摘される（大阪府立商工経済研究所（1969）、p.8）。しかし共通して、製品の品質低下が生じたことが指摘された。1960年には、日本輸出眼鏡類工業組合が設立される（大阪府立商工経済研究所（1969）、pp.8-9）。

　1955（昭和30）年以降も輸出はさらに活発化し、度付レンズのアメリカ向け高級品が多く出るようになったため、受注単価も高くなった（大阪府立商工経済研究所（1956）、pp.5-7）。

　大阪府下の眼鏡レンズの輸出は増加しているが、1964年以降伸びの著しい品種とそうでない品種とがあることがわかる。増加しているのは、サングラス枠入り（2.84倍増，1958年度と1967年度の金額比較，以下同じ）、拡大鏡のレンズ（63倍増）、同枠入（3.84倍増）であり、片面研磨レンズはレンズ・枠

入ともに、数量、金額で減少傾向にある（**図表 5-6**）。

図表 5-6　品種別大阪府下眼鏡レンズ輸出実績

（単位：千打、百万円）

| 年次 | サングラス | | | | 両面研磨レンズ | | | |
| | レンズ | | 枠入 | | レンズ | | 枠入 | |
	数量	金額	数量	金額	数量	金額	数量	金額
1958年度	400	84	820	504	382	158	65	47
1961年度	386	46	872	668	426	272	11	13
1964年度	393	52	1,107	851	464	344	15	19
1967年度	695	102	1,620	1,434	572	517	17	34
1968年度	1,118	274	1,663	1,587	430	428	9	19
1969年度	1,137	257	1,876	2,103	449	481	9	23

| 年次 | 片面研磨レンズ | | | | 拡大鏡 | | | |
| | レンズ | | 枠入 | | レンズ | | 枠入 | |
	数量	金額	数量	金額	数量	金額	数量	金額
1958年度	48	17	247	93	14	2	148	84
1961年度	119	34	347	193	61	12	197	117
1964年度	63	16	236	148	200	72	483	279
1967年度	62	16	209	136	297	126	511	293
1968年度	54	13	257	178	281	130	530	299
1969年度	40	12	232	171	254	130	509	336

（元資料）日本眼鏡普及光学機器検査協会発行昭和33年度～42年度「検査実績」より（ママ）。
（元注）1962（昭和37）年度までの金額には福井県の輸出金額が含まれている。
出所：大阪府立商工経済研究所（1971）、p.39、第18表。

　これは、1967年ごろから眼鏡レンズ業界で人手不足が激化したことが要因である。利益幅の低い片面研磨レンズの生産は減少し、受注はあっても応じられず、これらの製品の輸出量は年々わずかではあるが減少した（大阪府立商工経済研究所（1971）、p.40）。

　その後の1971年のドル・ショックの影響は、眼鏡レンズ産業には数量面での減少があるものの金額面での落ち込みはさほど大きくなく、また第一次石油危機の影響か1973年まではサングラスの輸出が横ばいを続けるが、その後は1977（昭和52）年まで成長を続ける（**図表 5-7**）。

図表 5-7　大阪地区眼鏡類輸出検査実績の推移

（単位：千打・千円）

年次	サングラス（枠入）		両面研磨レンズ		その他合計	
	数量	金額	数量	金額	数量	金額
1970年度	1,969	2,392,477	408	527,100	5,125	4,310,543
1971年度	1,480	2,018,551	446	725,188	3,834	4,130,693
1972年度	1,637	2,170,919	474	807,311	4,036	4,452,488
1973年度	1,330	1,951,466	453	981,075	3,850	4,720,109
1974年度	1,187	2,354,334	377	934,569	3,347	5,332,633
1975年度	1,193	2,977,825	373	1,095,109	3,137	6,146,476
1976年度	1,393	3,509,866	350	1,176,253	3,678	6,911,839
1977年度	1,297	3,065,547	308	1,013,590	3,467	6,561,098
1978年度	712	1,718,769	142	583,828	2,213	4,104,400
1979年度	581	1,539,406	127	566,977	1,899	3,797,621

（元資料）日本輸出眼鏡類工業組合調。
出所：大阪府商工部工業課・大阪府立商工経済研究所（1981）、p.374、第2表。

②国内における地位の変化

　1964 年から 1969 年にかけて、全国における大阪の輸出金額の割合が低下した（74.3% → 67.4%）。一方、福井地区は大きく高まった（6.9% → 21.9%）。福井県は戦前から眼鏡枠の全国一の産地であったが、1950 年代から 1960 年代前半にサングラス完成品の輸出を激増させた（65 百万：1964 年→ 10 億 84 百万円：1969 年，16.7 倍）。この間、大阪の業者も福井県に工場進出したり、あるいは、同地の業者を下請化したりすることがみられた。ただし当時、福井地区で急増したのはサングラスだけであり、度付レンズ（研磨レンズ）に関しては、大阪の全国に占める比重が 92.8% と圧倒的に高い（大阪府立商工経済研究所（1971）pp.40-41）。「いっぽう、1964（昭和 39）年ごろよりアジア諸国への輸出はサングラスレンズやレンズ素地の輸出割合がふえ、これらの諸国で枠を自国生産し完成品とするとか、また自国で研磨して度付レンズとするということがみられるようになってきた」（大阪府立商工経済研究所（1971）、p.40）。その後、1985 年のプラザ合意により大きく影響を受け、眼鏡枠を除き、大阪における眼鏡レンズ産業は低迷することになる（**図表 5-8**）。

図表 5-8　大阪の眼鏡類輸出推移

（単位：千打、百万円）

年次	レンズ類		眼鏡完成品		眼鏡枠	
	数量	金額	数量	金額	数量	金額
1983年度	647	1,679	1,035	3,500	81	740
1984年度	1,551	1,953	1,050	3,873	102	1,118
1985年度	1,070	1,566	1,130	4,099	133	966
1986年度	454	1,099	789	3,280	108	783
1987年度	379	1,020	724	2,753	145	1,120
1988年度	294	902	664	2,810	140	1,330

年次	その他		合計		1985年度を100とする指数	
	数量	金額	数量	金額	数量	金額
1983年度	58	58	1,821	5,977	76.5	88.9
1984年度	32	31	2,735	6,957	114.8	103.0
1985年度	49	93	2,382	6,274	100.0	100.0
1986年度	28	32	1,379	5,194	57.9	77.3
1987年度	10	11	1,258	4,904	52.8	72.9
1988年度	12	14	1,110	5,056	46.6	75.2

（元資料）日本輸出眼鏡類工業組合資料。
（元注）レンズ類はサングラス用、遠・近・乱・二重焦点用レンズ、拡大鏡用レンズ、玉素地の合計。
　　　　眼鏡製品はサングラス、老眼鏡、拡大鏡、縮小鏡の合計。その他は双眼鏡など普及光学機器のことである。（原
　　　　文のママ）
出所：大阪府立産業開発研究所（1989）p.20、第Ⅲ－1－1表、及び天川（1989）、p.75、第2表を元に筆者が再編集。

4．プラザ合意以降の大阪における眼鏡類産業

　前節で示したように、明治初期に我が国にもたらされたレンズ加工技術に基
づき、大阪の眼鏡類産業は急激な発展を遂げた。大阪市生野区田島町と岸和田
地区を中心に枠業者、研磨業者、熱処理業者、原料部門のレンズ素地メーカー
などが集積して社会的分業を行い、海外を含む広い地域に販売するという形態
は、山崎（1977）が示す地場産業の特徴を端的に示しているといえる。一方、
日本の他地域やアジア各国における眼鏡類産業の成長、プラスチックレンズの
需要増加、プラザ合意による円高の進展などの要因が重なり、眼鏡類産業は低

迷期に入る。

　1990年代以降の大阪における眼鏡類産業に関する研究は、管見の限り存在しない。そこで近年の統計データを整理した上で、2019年時点において確認できた眼鏡類産業の業界団体（近畿眼鏡類協同組合）に対し、1990年代以降の状況についてインタビュー調査を実施した（**図表5-9**）。なお本節の内容は、断りがない場合は、2019年6月6日インタビュー記録を参照している。

図表5-9　調査の概要

調査日時	2019年6月6日（木）13:30～15:00
近畿眼鏡類協同組合	
応対者	理事長（K光学工業株式会社）・副理事長（O株式会社）・事務局長
調査手法	半構造化インタビュー

（1）1995年の円ドル為替における急激な円高

　大阪における眼鏡類産業において、サングラスの占める割合が大きいことは、プラザ合意以前から続く特徴である。前掲の**図表5-1**からわかるように、プラザ合意以降1989年にかけて大阪における眼鏡の出荷額は低迷するが、1990年には回復する。貿易統計から見た全国のサングラス（9004.10-000）の輸出額の推移を見ても、1990年辺りまでは成長が見られるが、1995年には大きく落ち込む（**図表5-10**）。これは1995年に、瞬間的に1ドルが80円を突破した円高の影響であった。この時点で、多くの眼鏡レンズ製造業企業が廃業したという。

　その後も2000年から2010年にかけて継続して出荷額は低迷する。2000年には、輸出検査を担う日本眼鏡普及光学器検査協会の本部機能が、大阪から福井へ移管された（日本眼鏡普及光学器検査協会Webページ）。前節で確認したように、大阪府下の眼鏡類の出荷額は1980年まで安定して拡大していたものの、事業所数は1976年をピークに減少に転じる。この時期の企業数の推移をより細かい地域別に見ると、企業数の減少が始まっている地域（生野区田島）

と、企業数を維持している地域（平野、東大阪）とがある。**図表5-11**に示すように、生野区内の事業所数は、1970年代を通して40%減少する（1967年：229→1980年：139）。生野区田島では輸出向けを対象とした並レンズが多く製造されていた（本章3節（1）②参照）が、こうした薄利多売を旨とした地域から企業数の減少が始まったことが窺える。

図表5-10　全国のサングラス（9004.10-000）の輸出額の推移

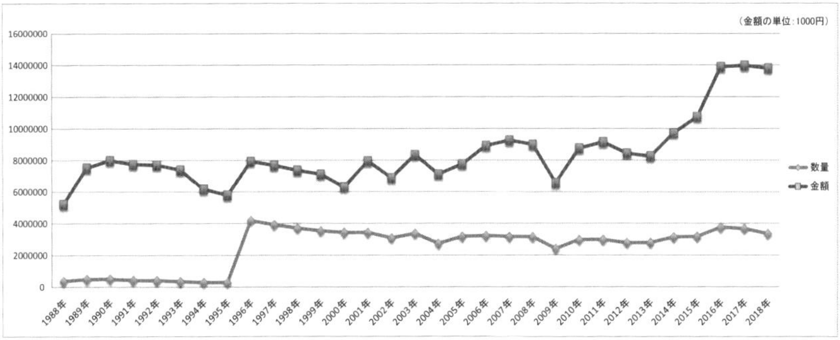

（注）なお数量の値が、1996年に急増しているが、1995年までは（DZ　ダース）であり、1996年以降は（NO）となっている。聞き取り調査から、統計上はNO（ナンバー）となっているが、「ペア」という単位とのことである。
出所：『貿易統計』統計品別推移表より筆者作成。

図表5-11　眼鏡製造業（枠を含む）の大阪府下市・区・町・村別事業所数の推移

年次	総数	大阪市	生野区	平野区	東住吉区	東大阪市	岸和田市
1967年	299	238	229	4		9	41
1970	293	216	204	6		12	53
1973	287	203	180	16		13	57
1977	285	193	162	16	4	16	63
1978	281	185	153	18	4	16	64
1980	259	164	139	14	3	13	64

出所：大阪府立商工経済研究所（1981）1967～1978年の数値。pp.343～346
大阪府立商工経済研究所（1982)1978・1980年の数値。pp.278～281より筆者作成。

大阪府（1987、p.6）において、記載されている「西部眼鏡光学器類製造協同組合（大阪市生野区巽西）、大阪眼鏡類輸出協同組合（大阪市生野区巽西）、大阪眼鏡レンズ製造工業協同組合（大阪市生野区田島）、大阪府光学レンズ協同組合（岸和田市下松町）」は、2019年時点においてその存在が確認できたのは、大阪眼鏡類輸出協同組合が改組した近畿眼鏡類協同組合だけであった。現在、大阪眼鏡レンズ製造工業協同組合（大阪市生野区田島）は休止状態、大阪府光学レンズ協同組合（岸和田市下松町）は解散（2011年3月末）し、西部眼鏡光学器類製造協同組合（大阪市生野区巽西）は5～6社が参画しているが、担当事務所は個人宅となっている。

（2）1995年から2000年にかけての眼鏡レンズの出荷額の増加

次に、眼鏡レンズの出荷額の推移を見てみよう（**図表5-12**）。全国の出荷額における大阪の地位は、決して高くない。1985年からコンタクトレンズが眼鏡レンズの出荷額に含まれており、眼鏡レンズを主としてきた大阪の占める割合は低くなった。

しかし1995年から2000年にかけては出荷額が増加している（1995年：5,580→2000年：7,219　単位：百万円）。これは、偏光レンズの需要が伸びたことに起因する。偏光レンズとは、偏光フィルムをレンズ内に挟み込むことにより、特定方向の光をさえぎることができる。例えば、魚釣りをする際に水面を見ると、水面で反射する光により水中の魚の存在が把握しにくい。偏光レンズを通して水面からの反射光をさえぎることで、水中の魚を視認しやすくなる。このような偏光レンズには、1995年当時ガラス製とポリカ製（ポリカーボネート）があったが、より高性能なハイコントラストレンズ（対象物の輪郭を際立たせる機能を持つレンズ）は、ガラス製偏光レンズでしかできなかった。高価格帯であった高機能なガラス製偏光レンズの出荷増が、大阪におけるメガネレンズの動向に影響を及ぼした。

（3）K光学工業とO社の事例

　ここでは、インタビュー調査に協力頂いた理事長（K光学工業株式会社）と副理事長（O株式会社）の企業事例を取り上げて、若干の考察を試みたい。まず、K光学工業株式会社とO株式会社の概要は以下の通りである（**図表5-13**）。

図表5-12　眼鏡レンズの出荷額の推移

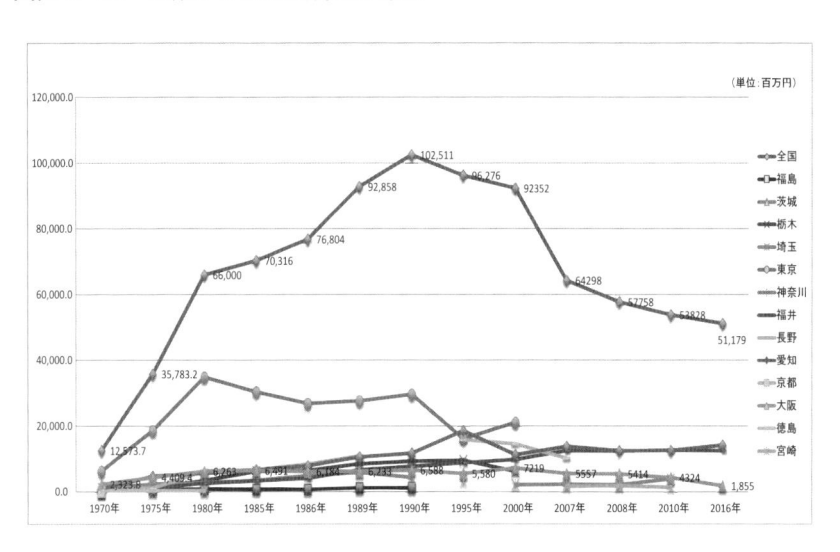

（注）1980年までは、3人以下の事業所も含まれる。1985年以降は、コンタクトレンズが含まれている。データ数が少なく秘匿された年は、欠損している。
出所：『工業統計　品目編』隔年版より筆者作成。

図表5-13　企業の概要

K光学工業株式会社		
創業：1952年	資本金：3600万円	従業員数：32人
取扱品目：	スポーツ用サングラス・工業用サングラス・老眼鏡製造	

O株式会社		
創業：1942年	資本金：5000万円	従業員数：25名
取扱品目：	光学レンズ・光学用フィルター・眼鏡レンズ等	

① K 光学工業株式会社

　K 光学工業株式会社（以下、K 光学工業と記す）は、プラスチック成形技術をコアとしてサングラスのフレーム製造を担い、おおよそ 30 工程にも及ぶサングラス完成品の製造を実施している。加工金額のうち 50％が外注に出され、K 光学工業はデザイン及び設計と最終仕上げを行っている。商社との取引が主となっており、販売先は主としてアメリカ合衆国であり、海外販売が売上の 8 割を占めている。さらに K 光学工業は、いち早く 3 次元 CAD の使用を経験している。某海外有名スポーツブランドによる、顔の曲面に合わせ、立体的に眼を紫外線から守る形状のサングラスの開発に携わった。レンズには、レンズカーブというレンズの湾曲を表す数値がある。値が大きいほど、湾曲も大きい。K 光学工業は、8 カーブレンズを用いたサングラスのデザイン及び設計を 3 次元 CAD で行っている。高付加価値化への対応を迫られ、立体的な統一感を具現化することが求められる。このような新たな需要は、商社を通してもたらされた。

② O 株式会社

　O 株式会社（以下、O 社と記す）は、1995 年の円高を迎えるまでは素材メーカーとして量的に大規模な取引も手がけていた。眼鏡レンズの研磨は 1985 年のプラザ合意以降減少し、生野区田島に数多く立地していた研磨業者の仕事量は減少していた。そこで O 社が、老眼鏡の凸レンズをカメラ用のクローズアップレンズに転用する仕事を、眼鏡レンズの研磨業者に持ちかけた。月に 3 ～ 4 万枚、年間で 40 ～ 50 万枚という纏まった仕事が、生野区田島や岸和田の眼鏡レンズ研磨業者に提供でき、それらの業者には喜んで貰えたとの認識がある。しかし 1995 年の円高を契機に、そのような仕事は一切なくなってしまった。

　O 社は、K 光学工業と同じく、創業当初は眼鏡素地（ポッペン）製造業に従事しており、現在の事業へと事業転換を行った歴史を有する。現在は素材メーカーでありつつ、方針を転換し、光学レンズの多品種少量生産に優位性を持つ。1995 年以降海外ガラスーカーとの提携を行い、売上高の 3 分の 2 は 7 ～ 8 社(10

社以内）に分散させ特定企業への依存を極力避けている。さらに残りの売上高の3分の1は10社程度に分散させ、毎年売上の10%はその他の販売先で構成することに努めている。月々の主要な取引先数は、およそ30件に及ぶ。取扱品目における眼鏡レンズの売上割合は、1995年頃には数%程度まで落ち込んだ。しかし2010年以降は、売上全体の20%程度まで上昇してきている。カメラ向けが35%、その他、医療や美容分野との取引がある。このように現在のO社は、眼鏡だけではなく、眼鏡の近隣分野（この場合はカメラ）にも取引先を広げている。O社の有する高い技術力の存在と共に、都市型産業集積の特徴である販売先の多様性の存在があるだろう。

5. おわりに

　本章では、大阪における眼鏡類産業の発展史を、その創成期から現在まで、主として先行研究の整理と試行的な定性的調査により、概観を示した。直近の先行研究が示した「転換期」である「プラザ合意」による影響に加えて、1995年の円高がより多くの眼鏡類産業、特に眼鏡レンズ製造業に大きな影響を与えたと言える。協同組合の一部は現在も存続しているが、その役割は大きいとは決して言えない。

　しかし大阪における眼鏡類産業は、事業数の量的な縮小を経て、質的な発展を遂げている。特にサングラスにおいては、プラザ合意までは、上代80ドル～90ドルの製品を製造していたが、プラザ合意以降は、200ドル以上の価格帯の製品を製造している。確実に、円高を吸収する高付加価値製品への転換を実現したのである。

　本章における定性的調査は、あくまで試行的なものである。大阪における眼鏡類産業においては、眼鏡レンズ加工業者から規模を拡大させた企業や、保護眼鏡分野から成長した企業も存在する。各企業が環境変化に対してどのような企業行動を選択したのかをより詳細に分析するとともに、各企業の企業行動を

通して環境要因を整理することが、中小企業研究、特に企業行動の変化の理論的理解を深める上で重要だと考える。今後の課題としたい。

【参考文献】

天川康 (1989)「転機に立つ大阪眼鏡産地」財団法人大阪アジア中小企業開発センター『アジア交流』第 54 号。

上田達三 (1979)「眼鏡産業の発達」『国連大学　人間と社会の開発プログラム研究報告　技術の移転・変容・開発－日本の経験プロジェクト　雑貨産業研究部会』国際連合大学。

上田達三 (1991)『大阪の中小企業（下）戦後日本の産業構造変容過程における先駆的役割（研究双書第 76 冊)』関西大学経済・政治研究所。

植田浩史 (2004)『戦時期日本の下請工業－中小企業と「下請＝協力工業政策」－』ミネルヴァ書房。

大阪府 (1987)『大阪輸出眼鏡類製造業界　産地診断勧告書』昭和 62 年 3 月。

大阪府 (2017)『大阪経済・産業の 70 年間：輸移出型産業に注目して』資料 No.161。

大阪府立産業開発研究所 (1989)『大都市圏地場産業の国際化の進展と対応－大阪地場産業のケースを中心として－』産開研資料 No.10。

大阪府商工部工業課・大阪府立商工経済研究所 (1981)『大阪の地場産業－その 2　業種別の実態－』。

大阪府立商工経済研究所 (1956)『輸出向中小工業叢書　第 3 輯　眼鏡レンズ類（大阪市生野区田島町の業者を中心として)』経研資料 No.96。

大阪府立商工経済研究所 (1969)『最近 10 年間における大阪中小工業の基本動向－その 5　眼鏡レンズ製造業－』経研資料 No.482。

大阪府立商工経済研究所 (1971)『府下中小工業の国際間競争の諸問題と実態－その 2　実態編－』経研資料 No.530。

大阪府立商工経済研究所 (1973)『府下中小工業の構造と当面する諸問題－その 1　統計・資料編－』。

大阪府立商工経済研究所 (1977)『国際環境の変化と輸出雑貨工業』経研資料 No.615。

大阪府立商工経済研究所 (1981)『大阪工業の地域分布－府下市町村別産業中小細分類別分布と 10 年間の推移－　－その 1　統計編－』。

大阪府立商工経済研究所 (1982)『大阪工業の地域分布－府下市町村別産業中小細分類別分布と 10 年間の推移－　－その 2　集計編－』。

大阪府立商工経済研究所 (1984)『安定成長下における府下中小工業の経営変化－設備の革新と新製品の開発を中心として－』。

大阪市役所編 (1926)『大阪の硝子工業』大阪市役所。

河崎亜洲夫 (1970)「4. 眼鏡レンズ」大阪府立商工経済研究所編著 (1970)『大阪の中小企業－ 20 年の歩みと当面する問題－』新評論　所収。

粂野博行（2007）「堺の自転車産業と地域集積」渡辺幸男編（2007）『日本と東アジア産業集積研究』同友館。

沢井実（2013）『近代大阪の産業発展 - 集積と多様性が育んだもの』有斐閣。

沢井実（2014）「戦前大阪の機械工業集積：構造と展開」『企業家研究』第 11 号。

杉江重誠編（1950）『日本ガラス工業史』日本ガラス工業史編集員会。

田中幹大（2017）「中小機械金属工業と機械工業のシフト - 1950・60 年代大阪のミシン，繊維機械，自転車 - 」『立命館経営学』第 56 巻第 2 号（1），第 56 巻第 3 号（2）。

西岡正（2014）「伝統的地場産業の盛衰と地域経済：東大阪における伸線業の変遷」『商工金融』第 64 巻第 4 号。

前田啓一（2005）『岐路に立つ地域中小企業 - グローバリゼーションの下での地場産業のゆくえ - 』ナカニシヤ出版。

宮川泰夫（1976）「鯖江眼鏡枠工業の配置」『地理学評論』第 49 巻第 1 号。

松永桂子（2006）「大阪市製造業における創業と廃業」『経済学雑誌』第 107 巻第 1 号。

山崎充（1977）『日本の地場産業』ダイヤモンド社。

日本眼鏡普及光学器検査協会 HP
　　http://www.jsoi.or.jp/goannai.html　（2019 年 6 月 17 日閲覧）

第6章

ベンチャー企業のイノベーションと ネットワーク効果

文能照之

1. はじめに

　インターネットが登場して以来、私たちの生活は格段に快適なものになっている。インターネットを活用したビジネスを提供する企業が増加し、新たなサービスが提供され、利便性が向上したからである。その主たる役割を果たしているのがベンチャー企業である。日本で初めてベンチャー企業が注目を浴びてから今日まで、約50年の歳月が流れている。この間、幾度かベンチャーブームが到来し、これに合わせたようにベンチャー企業の定義も見直されたが、統一されないまま現在に至っている。しかしながら、その過程でベンチャー企業を捉えるうえで幾つかの重要なキーワードが誕生している。本章では、これを簡潔に紹介することから議論を進めよう。

　1970年代は、研究開発型の製造業が主としてベンチャー企業として捉えられ、①未上場の中小企業、②新しい技術（高度技術・独自技術）、③経営者が企業家精神を有している、④高い成長可能性を有していることなどが指摘された（清成ら（1971）、p.10）、中小企業庁（1973））。その後80年代には、ベンチャー企業の研究が進み、社会的役割が認識されていることや、新市場の開拓につながること、そして創業から5年以内、といった要素も注目されるようになった（中村・石井（1983）、p.12, 299））。

　1990年代の中・後半にはインターネットが登場し、それを活用した情報系の新たなベンチャー企業の台頭がみられ、製造業を念頭においた従来の定義ではベンチャー企業を捉えることが困難になった。そこで、清成自らが「システム的発想で、知識集約的な現代的イノベーターとしての中小企業」をベンチャー企業と再定義する（清成（1996）、pp.79-80）ほか、多くの研究者により過去の研究成果を踏まえた定義がなされた。例えば、成長意欲の強い起業家の存在、事業の独立性、社会性、新規性を有する企業（松田（1998）、pp.16-17：柳（2000）、p.6）、アントレプレナーシップ、革新性をもった創業期にある企業（坂本（2001）、p.14）や、起業家によって率いられた革新的な中小企業（金井・角

田（2002）、p.4）、事業に必要な資源を外部から調達・活用し、従来にない新しい分野で競争優位を確立しようとする野望を持つ企業（文能（2003）、p.8）などである。

そして近年では、経済産業省が実施した「ベンチャー有識者会議とりまとめ」（2014 年 4 月）の中で、「ベンチャーは、産業における新成長分野を切り拓く存在であり、雇用とイノベーションを社会にもたらす、経済活力のエンジンである」と、その役割が議論されている。

このようにベンチャー企業を捉える視点が変化していることを踏まえ、本章では次の要件を満たしているものをベンチャー企業とする。すなわち、①成長意欲あふれる起業家に率いられる中小企業であって、②これまで存在していない新規性のある事業を営むこと、③既に存在している事業であっても、そこに新しい技術の導入を行うことにより、既存事業に大きな変化をもたらす革新性を有すること、④外部の資源を自社の事業に取り込むことで、顧客に提供するビジネスが一つのシステムとして機能するように構築されていること、そして⑤開発された製品・サービスや技術によって新たな市場の創造がみられること、である。

インターネットの普及に加え、ベンチャー企業向けの株式市場が整備され、さまざまな支援策が展開されていることもあり、上述のような要件を備えたベンチャー企業の誕生が容易になっているが、その全てが成長を遂げているわけではない。株式公開を実現できる規模にまで到達するのは、一握りという厳しさである[1]。その一方で成長機会が得られず市場から退出したベンチャー起業家のなかには、再起の難しい状況に置かれてしまう者も少なくない。この事業の成否を分ける要因はどこにあるのであろうか。本章では、インターネットを活用したビジネスを展開し、飛躍的な成長を遂げている企業を事例として取り上げ、成長のための要因をネットワーク効果の視点から解明する。また、新たなベンチャー企業が事業を成長させるためのポイントを提示したい。

2. 近年の起業動向とその特徴

（1）起業の実態 [2]

　日本では、1980年代の後半に廃業率と開業率の逆転現象 [3] がみられて以来、しばらくは開業率の低い状態が続いていたが、2006年を境に開業率が廃業率を上回るようになった [4]。その後、廃業率は概ね低下傾向にあり、一方の開業率は順調に増加の傾向にある。2016年度では、開業率が廃業率を2.1ポイント上回る状況となっている。

　この背景として、経営者の高齢化や後継者不足を理由に廃業する事業所が減少している一方で、企業勤務をしている者、とりわけ50歳代や、60歳代以上のシニア層のなかに新たな道に挑もうとする方が増えていることが挙げられる。日本政策金融公庫総合研究所（2018、pp.2-3）によると、1991年調査では50歳代及び60歳代以上の開業者は、全体の11.5％であったが、2018年調査ではその割合は26.3％に上昇している。そのため、開業時の平均年齢も38.9歳から43.3歳へと高くなっている。これに伴い、全体的な開業者の年齢としては、今回の調査で初めて40歳代が35.1％で最も多くなり、これまでのトップであった30歳代（31.8％）を上回る結果となっている。

　もう一つの要因として、女性の開業割合の増加が指摘できる。つまり、女性の社会進出が進んでいることや、女性の視点からの事業が高く評価されるようになり、2017年の開業割合が19.9％と、調査が実施されてから過去最高の値を示しているのである。

　これらシニア及び女性の起業については、『2014年版中小企業白書』の第3部でも実態とともに事例が多く紹介されているので参照されたい。

　つぎに、起業の動機（3つまでの複数回答）についてみると、「仕事の経験・知識や資格を生かしたかった」（50.8％）、「自由に仕事がしたかった」（49.2％）、「収入を増やしたかった」（44.6％）との回答が上位を占め、2012年度以降、この結果に大きな変化は見られない。

図表 6-1　開業率の推移

開業率					(%)
年、年度	日本	米国	英国	ドイツ	フランス
01	4.4	10.4	11.7		8.6
02	4.1	10.1	11.5		8.5
03	4	10.7	12.5		9.3
04	4.1	10.9	13		10.2
05	4.4	10.9	12.6		10.1
06	4.8	11.2	11.6		10.5
07	5	11.1	12.3		11
08	4.2	9.9	11.5	9.1	11
09	4.7	8.7	10.1	8.3	18.6
10	4.5	9.3	10	8.6	18.7
11	4.5	9.3	11.2	8.5	15.6
12	4.6		11.4	7.8	15.3
13	4.8		14.1	7.3	14.3
14	4.9		13.7	7.3	14
15	5.2		14.3	7.1	12.4
16	5.6		14.6		12.7

廃業率					(%)
年、年度	日本	米国	英国	ドイツ	フランス
01	4.4	9.8	10.2		7
02	4.6	10.4	10.1		6.5
03	4.8	9.5	10.9		7.5
04	4.5	9.4	11.3		8.1
05	4.4	9.6	10.5		8.1
06	4.3	10	9.4		9.1
07	4.4	9.8	9.8		3.6
08	4.5	10.6	9.5	9.2	8.6
09	4.7	11.5	11.8	8.7	15.7
10	4.1	10.3	10.6	8.4	12.3
11	3.9	10	9.8	8.3	10.1
12	3.8		10.6	8.3	13
13	4		9.7	8.1	10.4
14	3.7		9.7	8	9.5
15	3.8		10.5	7.5	5.4
16	3.5		11.6		9.5

資料：日本：厚生労働省「雇用保険事業年報」（年度ベース）
　　　米国：U.S. Small Business Administration「The Small Business Economy」
　　　英国：Office for National Statistics「Business Demography」
　　　ドイツ：Statistisches Bundesamt「Unternehmensgründungen, -schließungen: Deutschland, Jahre, Rechtsform, Wirtschaftszweige」
　　　フランス：INSEE「Taux de création d'entreprises」
(注)　1.日本の開廃業率は、保険関係が成立している事業所（適用事業所）の成立・消滅をもとに算出している。
　　　2.米国の開廃業率は、雇用主(employer)の発生・消滅をもとに算出している。
　　　3.英国の開廃業率は、VAT(付加価値税)及びPAYE(源泉所得税)登録企業数をもとに算出している。
　　　4.ドイツの開廃業率は、開業・廃業届を提出した企業数をもとに算出している。
　　　5.フランスの開業率は、企業・事業所目録(SIRENRE)へのデータベースに登録・抹消された起業数をもとに算出している。
　　　6.国によって統計の性質が異なるため、単純に比較することはできない。

出所：平成 29 年版中小企業白書より Excel データをダウンロードした。
https://www.chusho.meti.go.jp/pamflet/hakusyo/H30/h30/html/b1_2_1_3.html
（2019 年 3 月 25 日閲覧）

　開業される業種は、サービス業が 25.1％で最も多く、医療・福祉 17.4％、飲食店・宿泊業 14.7％、小売業 13.1％が上位を占めている。経年による変化をみても大きな特徴は見られないが、昨今、医療・福祉の伸びがやや大きくなっているといえる[5]。

（2）資金調達の状況

　起業家が開業時に必要とした資金額についてみると、500 万円未満が 37.4％で最も多く、500 ～ 1,000 万円未満が 31.0％、1,000 万 ～ 2,000 万円未満が 19.5％、2,000 万円以上が 12.1％となっている[6]。経年の特徴としては、1991 年度は 500 万円未満が 23.8％を占め、2,000 万円以上が 20.8％であったことから、費用をかけずに開業できる環境が整ってきたことや、極力小さな資金からスタートできるように検討されていることが窺われる。

それではつぎに、開業資金の調達先についてみてみよう。2018年度の平均の調達額は1,282万円となっており、その70%弱の859万円を金融機関等からの借入れで賄い、残りの20%強の292万円を自己資金で充当している。このほかにも、配偶者・親・兄弟姉妹等の親族が約5%の75万円、友人・知人が3%の44万円と続き[7]、血縁関係者や身近な者からの支援を得ていることが明らかとなっている[8]。

その一方で、新規開業企業が始める事業に投資をしたい、と興味・関心を示すベンチャーキャピタル（Venture Capital：以下、VC）はほとんどなく、ベンチャー企業が投資にて資金調達するのは依然として難しい状況にある。

さて、これまでは統計資料の制約から一般的な起業についてみてきたが、ここからは急成長が期待されるベンチャー企業に絞り資金調達の状況をみておこう。**図表6-2**は、国内で急成長が期待される未公開企業が資金調達をした金額と、調達を実現した企業の数を捉えたものである。スタートアップデータベースentrepediaによると、資金調達額は2012年以降右肩上がりに推移し、2018年には3,880億円に達し、企業数は1,426社となっている。

図表6-2　国内未公開企業（急成長が期待される）の資金調達状況

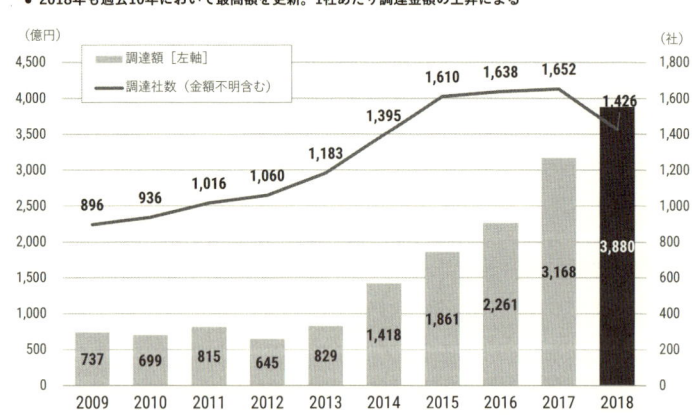

● 2018年も過去10年において最高額を更新。1社あたり調達金額の上昇による

出所：entrepedia 2019年2月21日基準。

　つぎに、企業の設立経過年数別に資金調達を行った企業数の推移をみると、設立1年未満の企業が全体の35.5％（506社）を占め最も多くなっており、1～3年未満が25.1％（358社）、3～5年未満が17.1％（244社）で続いている[9]。

（3）新たな資金調達としてのコーポレートベンチャリング[10]

　事業活動を行う上で、資金の調達は最重要課題の一つである。米国ではビジネスプランを策定した創業初期の起業家に対して、ビジネスエンジェルやVCなどが投資を行い、さまざまな支援者が協力して事業を成長させる仕組みができあがっている。仮に起業家の設立した企業が株式公開に至らなくても、優れた技術を有していれば、事業会社とのM&Aを実現させるという出口戦略が整備されているのである。湯川（2013、p.17）によれば、米国でVCが投資を行った2012年のベンチャー企業の出口は、IPOが49件であるのに対し、M&Aは479件に達しているという。

　一方、米国企業に比べ日本のベンチャー企業が出資を受けるのは厳しい状況にある。仮に出資を受けたとしても、事業を成長させるのは容易ではない。VC等の投資家がさまざまな支援策を講じるものの、事業パートナーとなる取引先の確保が難しいからである。また、出口戦略としてのM&Aへの取り組みが遅れているからでもある。

　とはいうものの、事業会社のスタートアップへの出資や戦略的パートナーシップ提携、オープンイノベーションは世界的なトレンドになっており、近年、日本でもベンチャー企業への投資を始める事業会社が増加してきた。市場が成熟化するとともに新たな時代を生き残るために、新事業の開発を行う必要に迫られている。またAIやIoTをはじめとする新たな技術が次々と誕生してきており、自社単独ではその対応が困難な状況になっているからである。**図表6-3**は、ベンチャー企業の資金調達先と調達額を示したものである。スタートアップデータベースentrepediaによると、事業会社が急激に投資割合を高めていることが確認される。特に、2017年は対前年比2.5倍の投資が行われ、

これ以降、ベンチャーキャピタルの投資額を上回る大きな金額となっている。

図表 6-3　投資家タイプ別の投資額の推移

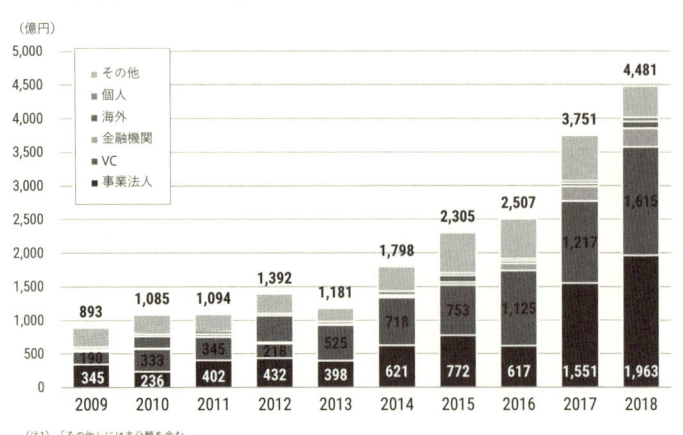

出所：entrepedia 2019 年 2 月 21 日基準。

　事業会社による CVC（Corporate Venture Capital の略：コーポレートベンチャーキャピタル）の事例として、KDDI は 2018 年 4 月に 200 億円で 3 つ目となる新たな CVC を設立するとの報道がなされた（日本経済新聞、2018 年 4 月 5 日付）。KDDI は、これまでも 2014 年にニュースアプリを提供するグノシーに出資したほか、生活情報サイトの nanapi を買収するなど、新たなネットビジネスに進出している。携帯電話に関連した「au ウォレット」や「au スマートパス」のサービス提供でも美容サイトのリッチメディア（東京・新宿）などと組んでいる（日経産業新聞 2015 年 1 月 1 日付）。また、大手製造業企業がタッグを組み、ベンチャー投資ファンドをつくる動きもみられる。例えば、オムロンはリコーと組んで CVC ファンドを設立し、ベンチャー 1 社あたり数千万円から 3 億円、計 30 社程度への投資を見込んでいる。投資対象は、IoT やロボッ

トのほか、車の自動運転や無人での農作業など技術革新が進む分野で、創業間もない企業も含めるという（日本経済新聞、2016年2月24日付）。

　このようなCVCの活動を積極的に支援するための組織として、2014年にILS（イノベーションリーダーズサミット実行委員会）が立ち上げられている。同ホームページによれば、「メインの事業提携マッチングプログラム『パワーマッチング』は、前回は、国内外の主力VCなどで構成する約100人のILSアドバイザリーボードが推薦する次世代ベンチャー約500社と大手企業約100社が参加、3日間で2272件の商談が行われた。その中から866件の協業案件が生まれ」(11)た、との報告とともに、ベンチャー企業と大手企業との提携事例が個別に紹介されている。

　以上みてきたようにCVCによる投資の高まりを受け、ベンチャー企業の成長や新たな事業の誕生が実現するよう、日本のベンチャーエコシステムの円滑化と発展が期待される。

3.　経済発展を牽引するベンチャー企業

（1）成長を遂げるベンチャー企業

　かつては小さなベンチャー企業として誕生した、グーグル、アップル、フェイスブック、アマゾンの4社は、21世紀に入り飛躍的に成長を遂げた。企業名の頭文字をとって「GAFA」と呼ばれ注目されるなど、今や世界経済に大きな影響を与える存在となっている。これら企業の共通点はインターネットを活用し、時間的・場所的制約を受けないという特徴を最大限活用した独自のビジネスモデルを構築し、グローバル展開を行っていることである。

　上記4社以外にも、近年、衆目を集めるベンチャー企業のなかにシェアリングビジネスで急成長を遂げる配車ビジネスのUberや、世界各地で旅行客らに一般住宅を有料で提供する「民泊」の仲介を手掛けるAirbnbが存在する。Uberは、2009年の設立であり、米国の金融機関による試算として、株式上場

時の株式時価総額が1,200億ドル（13兆4,000億円）に達する可能性があると
されている[12]（日本経済新聞、2018年10月16日付）。またAirbnbは2008年
に創業され、企業価値は310億ドル（約3兆3千億円）と推定される（共同通
信、2018年5月31日、12月7日付）。これら以外にも海外では数多くのベンチャー
企業が次々と誕生し、独自のビジネスモデルにて成長を遂げている。

　一方、日本でいち早くインターネットを活用したビジネスを開始し、成長を
遂げた企業の一つが楽天である。楽天は、商品を販売したい企業と購入したい
顧客がマッチングできる場をインターネット上に提供したことが評価された。
またLINEは、スマートフォンによるアプリを通してユーザーが相互にコミュ
ニケーションできる場を提供している。メルカリもスマートフォンを活用する
ことで、消費者が手軽に商品の提供・販売が可能となるオークションの場を提
供し成長を遂げつつある。これら企業の経営実績を有価証券報告書でみると、
楽天は設立から20年で売上高1兆円、従業員数が14,000人を超えるまでに成
長し、LINEは設立から18年で売上2,072億円、時価総額が9,394億円と1兆
円に迫る勢いである。メルカリは、設立されてからの期間が5年と短いにもか
かわらず、売上358億円を獲得し、1,639名の従業員を雇用するまでに成長し
ている。

　以上、小さなベンチャーとして誕生した企業が顧客のニーズに合致した事業
を提供することにより、今や我々の生活には必要不可欠な存在となっているこ
とをみた。ベンチャー企業は我々の生活の質的向上のために多大な役割を果た
し、社会に貢献しているのである。

（2）ベンチャー企業の成長とイノベーション

　ベンチャー企業が成長することは、提供する事業が顧客に高く評価されてい
ることを意味する。それが大きくなればなるほど、社会や経済に大きなインパ
クトを与え、イノベーションの創出へと繋がるのである。Rogers（1971）が
指摘したように、画期的な製品やサービスはある時点を境にして急激にS字
カーブを描いて普及する。このことにより、私たちの生活や行動が大きく変化

を遂げ、イノベーションの創出が確認されるのである。

図表 6-4　ベンチャー企業にみる事業の変遷

企業名	当初の事業内容	現在の主たる事業内容
Google	インターネット検索	インターネットを活用した総合サービス（Gmail, Googleドキュメント、Google+など）及びGoogle Chrome OSの開発など
Apple	PCの販売	PC・スマートフォンなどの機器の販売、及び音楽のダウンロードなどソフトの販売など
Facebook	エリアや利用者の年齢制限をしたSNS（Social Networking Service）の提供	地域や年齢の制限を取り除いたSNS（Social Networking Service）の提供
Amazon.com	書籍のインターネット販売	生活全般のAmazonマーケットプレイスWebサービス、電子書籍の販売
楽天	BtoCのインターネット・ショッピングモール『楽天市場』、CtoCの『楽天フリーマーケット』運営	多様な商品やサービを提供するインターネットサービス、FinTech関連事業の運営
LINE	インターネット・ポータルサイト「Hangame」サービスの提供	モバイルメッセンジャー・アプリケーションLINEの運営、金融関連サービスの提供
メルカリ	CtoCマーケットプレイス「メルカリ」のサービス提供	CtoCマーケットプレイス「メルカリ」のサービス提供、スキルシェアサービス「teacha」提供

出所：各企業のHP、有価証券報告書等を参照し筆者作成。

　上述の企業について当初の事業と現在の事業とを比較したものが、**図表6-4** である。これからも明白なように、成長を遂げた企業は顧客のニーズを先取りした新たな事業を展開し、顧客の支持を獲得している。つまり、時代の変化の予兆をいち早く捉え、顧客価値を向上させる新たなビジネスに転換することがベンチャー企業の成長に重要なのである。

（3）ビジネスモデルと成長要因

　上述の企業は、いずれもインターネットを活用した新たなビジネスで成長を遂げているが、より詳しく述べるならビジネス展開に必要となるプラットフォームを構築することで競合優位を確保し、顧客の囲い込みに成功している

のである。この種のプラットフォームを構築することは決して容易なことではない。楽天を例にすれば、供給側の問題として「楽天市場」に出店する魅力的な企業を集める必要がある。他方の需要者側の問題としては「楽天市場」で買物をしてくれる多くの消費者を獲得しなければならない。そして、これらを実現し「楽天市場」の利用者に満足感を与えることができなければ、二度と利用されなくなりかねないのである。売り手と買い手のどちらから始めるのか（Chiken & Egg 問題）といった課題はあるものの（Ott et. al（2018））、速やかに魅力あふれるプラットフォームをいかに構築するか、綿密な戦略を立て実行することが重要となるのである。

　その戦略を樹立するに当たって、次の2点が重要となる。1つは、企業の強みを活かした、イノベーション創出に繋がる独自のビジネスモデルを構築すること。そして、もう一つがネットワーク効果を活用することである。次節では、後者の視点からどのような取り組みにより成長を手中におさめることが出来るのか、理論的バックボーンを踏まえみておこう。

4. ネットワーク効果とベンチャー企業

（1）事業成長とネットワーク効果

　ベンチャー企業が直面する大きな経営課題として、資金調達や販路拡大が知られている。前者は、着手する事業に対して投資家からの資金供給が得られないことにより生じるものである。後者は、新たに投入された製品・サービスや技術が顧客に評価されずに普及しないことである。マーケティング的にいえば、まずイノベーターと呼ばれる顧客の開拓ができない。仮にこれに分類される顧客が獲得できたとしても、彼らが製品やサービス等に対して高い評価をしない場合、その後は普及せずに停滞してしまう。また高い評価がなされたとしても、一般の顧客がそれを利用するに至るまでにはキャズムと呼ばれる大きな溝が存在し、それを乗り越えていかねばならないのである。

　ところが、NTT ドコモが開始した「i-mode（アイモード）」サービスは、瞬く間に普及し人々を驚かせた。事業開始後 5 ヶ月で 100 万人のユーザーを獲得し，19 ヶ月後の 2000 年 9 月には ユーザーが 1,000 万人を突破する大ヒットとなったのである[13]。NTT ドコモが通常の通話サービスのほかに、NTT ドコモの端末保有者間でメールの送受信をするサービスを始めたが、他企業の端末では同様のサービスの提供ができなかった。そのため、NTT ドコモへの加入者が 1 人また 1 人と増えるに従って、より大きな価値を消費者が認めるようになったのである。これがネットワーク効果と呼ばれるものである。これに類似したことが楽天などでも見られる[14]が、詳細は後述する。

（2）ネットワーク効果と企業での活用の方向性

　ここで、ネットワーク効果についてみておこう。先の NTT ドコモの例では、ドコモの利用者が増え一定数を超えると、ネットワークが大きく広がり、それを利用することによる利便性や満足度が高まり、NTT ドコモの利用者が更に拡大したのである。つまり、ネットワークの価値が増大することになり、それが新たな加入者への誘因となるのである。

　これを図式化すると、**図表 6-5** のように描くことができる。当初は、ネットワークに加入する費用が便益を上回っているためネットワークへの加入は進まないが、費用よりも便益が大きくなる、つまり純便益がプラスになれば、ネットワークへの加入が促進されることが理解できよう。

　ネットワークに加入する人数が増加することにより、純便益が増加する第一の理由は、加入者の増加に伴い、より有益な情報が共有されることが挙げられる。第二の理由は、規模の経済が働くことにより、共通コストを節約することができることである。製品の生産を例に考えると、一度に大量の製品を生産することにより、1 個あたりの平均コストを引き下げることができる。第三の理由は、範囲の経済が働くことにより共通コストを節約することができる。仮に 2 つの類似の製品を生産する場合、それぞれ個別に生産するよりも、両者で共通できるものを活用することにより、コストを低減することができるのである。

　上述したようにネットワークへの加入に価値を認める者がネットワーク効果にしたがって増加すると、瞬く間に商品やサービスが普及し、その結果、イノベーションを確認できるようになる。資源の制約問題を有しているベンチャー企業は、一般的な取組みだけで成長することは容易ではないと考えられることから、こうしたネットワーク効果を活用しビジネス展開することが有益となろう。

図表 6-5 ネットワークの便益と効果

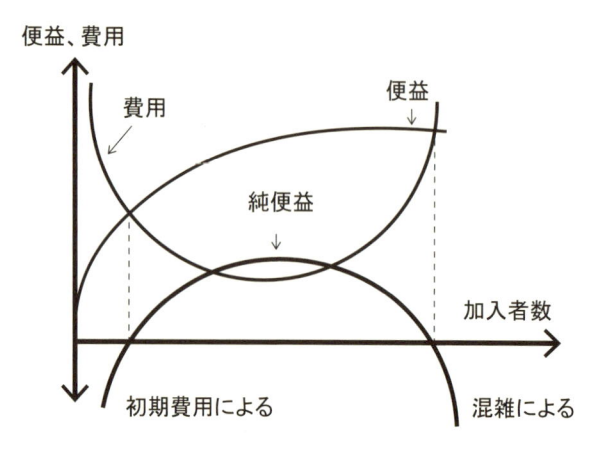

出所：Tsuji et. al.（2018）p.7 Figure1 をもとに筆者作成。

（3）ベンチャー企業によるネットワーク効果の活用事例

　昨今、日本でも CVC によるベンチャー企業への投資が活発化し、今後は製品・サービスや技術等の開発を行う事業会社と、ベンチャー企業の提携による新たなビジネスが誕生する可能性が高まっている。とはいえ、経営資源の乏しいベンチャー企業が成長を遂げるには、シェアリングエコノミー時代を背景に急成長した Uber や Airbnb のように、他に存在する資源を自社ビジネスに組み込んでいくことが有効となる。また、日本でいち早くプラットフォームの形成に成功した楽天から学ぶことも多い。そこで、ここでは楽天と Airbnb の成

長軌跡を振り返ってみよう。

　楽天は、インターネット上に「楽天市場」を開設し商品を販売したい企業に出店を促し、その情報を消費者に提供することにより、売買の機会を提供するビジネスに着手した。1997年5月の事業開始当初は、17店舗からのスタートであったが、翌年の12月末には303店舗にまで拡大させた。そして、1999年に6月には日本経済新聞社が行ったインターネット通販に関する人気ホームページランキングで第一位の座を獲得している。

　この当時「楽天市場」で提供された商品は食品や衣服など、形のある物に限られていたが、2003年に旅行サイト最大手「旅の窓口」を運営するマイトリップ・ネットやDLJディレクトSFG証券を買収することにより、消費者に提供する商品・サービスの種類や数を増加させ利便性を拡大していった。また同時に、買収された企業が保有していた顧客を自社の「楽天市場」の顧客とすることで、より迅速かつ容易に追加的顧客を獲得し、彼らが「楽天市場」に魅力を感じ商品の購買行動を行うような取組みを展開した。他社のサービスを買収することで事業を拡大したものの、提供するサービス名が統一されていない状態が続いていたことから、楽天ブランドへの一体化を進めたこともその一つである。

　さらに、楽天マーケットの需要者拡大への取組みとして、利用実績のある消費者の評価を「楽天市場」のWEBサイトに掲載することで、消費者に安心を与え信用の獲得に努めてきた。一方、供給側への対応として消費者が購入に当たって使用するキーワードを利用し、検索ヒット率を高めるためのコンサルティング等を出店企業に行った。そして、一定期間が経過しても消費者から支持されない企業は退店させ、楽天マーケットの魅力度の向上を図ってきた。このような楽天の取組みは消費者に高く評価され、インターネットで商品・サービスを提供するプラットフォーム「楽天市場」の形成に繋がったのである。

　こうした一連の経営活動の結果、消費者はインターネットに接続できるPCや携帯端末があれば、いつでも、どこでも、数多くの商品から欲しいものを選択しショッピングを楽しめるようになったのである。利便性が向上したことに

114

より利用者が利用者を呼び、楽天を利用する顧客は大きく増加し[15]、顧客は「楽天市場」内でさまざまな商品・サービスの提供を受けることができている。

Airbnb も日本のベンチャー企業の多くと同様に、事業開始当初はビジネスプランを説明するも投資家からの出資を得ることができず、本業以外の朝食用シリアルの販売などで資金を獲得し企業の存続に努めている。転機が訪れるのはメンターとなった Y-Combinator の勧めにより、ビジネスの対象エリアをニューヨークに絞ったことによる。

週末になるとサンフランシスコからニューヨークへ移動し、Web 上に掲載する情報を収集するためカメラを所持してアパートを訪問して回る過程で重要な気づきを得た。その結果、「対象とする顧客は誰か」、「顧客に提供するものは何か」が明確に規定されたのである。Airbnb が Web 上に掲載したい宿泊施設は一般的なものではなく、ユニークで時には奇抜な雰囲気を有する施設である。それは、低価格で宿泊施設を探す顧客を対象とするのではなく、宿泊を通して魅力的な体験を得たいと考えている顧客を対象とするためである。このような視点で掲載されている Web 上の写真を見直すと、実際の物件は素晴らしいものであっても顧客にその魅力を伝えきれていなかった。この点を改善するため写真をすべてプロ仕様に切り替えると、利用者のレスポンスが大きく改善し、Airbnb は成長し始めたのである。つまり、ニューヨークで彼らのサービスを利用した顧客が、その経験の素晴らしさを故郷に持ち帰り、周囲の人々に発信してくれたことで、人々の Airbnb に対する認知が広がりをみせたのである。

この活動を通して Airbnb が重視したことは、事業提供エリアを定め、体験を生み出すこと、そしてそれらを掛け合わせることで 1 つの体験がどれほど素晴らしい価値を有しているか、それらを組み合わせることでどれだけ多くのことができるのか、ということである。「100 万人の人々に気に入ってもらえるよりも、100 人の人々に愛してもらえるのがよい」との方針で、どうすればサービス利用者が体験したことの素晴らしさを情報発信してくれるかが、重点的かつ徹底的に検討されてきたのである。なぜなら、共同創業者の Gebbia (2016)

が語るように、1物件について利用者3名までの投稿では潜在顧客から信用されないが、10名以上になると信用が増すからである。このようにAirbnbでは利用者がどのような体験を行ったのか、それに対して満足を得ているのかをWEB掲載することで、それを目にした者が彼らのサービスを利用したいと思える仕組みの構築に成功しているのである。

5. おわりに

　これまで成長を遂げる近年のベンチャー企業を中心に紹介してきたが、最後に、創業初期のベンチャー企業が事業成長に向けて留意すべきポイントを記しておきたい。

（1）試行錯誤により提供する事業に関する経験値を高めていくこと

　ベンチャー企業が提供しようとする商品やサービスは、Airbnbの事例で紹介したように、革新的なものが多いために投資家でさえ、その将来性を正しく評価することが出来ないものが存在する。なぜなら、Airbnbのようなシェアリングサービスはすべての利害関係者に受け容れられるものではなく、サービスを提供する国や地域によっては法律の規制の対象になっているケースや、既存の事業者との間で軋轢を生じさせることがあるからである。そのため起業家は、Kerr et. al.（2014）が指摘するように理論的バックボーンを踏まえて自らの事業の正当性を投資家や一般消費者に訴求し理解を得る必要から、ビジネスプランを幾度となくブラッシュアップし、実現性が感じられるものへと昇華させることが重要となる。

（2）プラットフォーム型事業の実施に当たっては、まずは供給者の確保に努めること

　インターネットの時代において、経営資源の不足するベンチャー企業がめざ

す方向はプラットフォームの形成による事業の提供である。シェアリング時代の到来により、所有から活用へと人々の価値観が大きく変化を遂げている。周りを見渡せば、宿泊施設や自動車という物的資源だけでなく、さまざまな経験や技能を有する人的資源も存在する。また、世の中の変化のスピードが速い昨今にあっては、時間の共有も重要な資源の1つとして考えられる。このように世の中には利用可能な資源がまだまだ多く存在し、ビジネスチャンスに溢れている。こうした中で、自らの構想する事業を実現するには、まず事業の提供を可能とする供給者（パートナー）を確保することである。その上で、利用者が更なる利用者を呼び込み、利用者が増えることにより大きな価値を生み出す、ネットワーク効果を活用した仕組みを構築することが望まれる。

（3）ネットワークの信頼性を高めるシステムの構築とガバナンスに努めること

　最後に、プラットフォーム型ビジネスにおいて留意すべき点が、ネットワークのガバナンスである。インターネットを介してコピー商品の販売が行われる、あるいは利用者の個人情報が外部に流出する、などの問題が生じている。そのため、ネットワークの信頼性を担保しながら事業を行うことが重要となる。問題の発生が予測されることをそのまま放置したり、トラブルが発生したときに誤った対応を行えば、その情報が瞬く間に全世界に拡散し、企業としての信頼を喪失する恐れがある。ネットワーク全体の価値を低下させる不適切な行為が行われることなく、利用者が安心してサービスを受けられるようなシステムの構築とガバナンスに努めることが求められる。

【注記】

(1) あずさ監査法人によると、2018年度に新規株式公開した企業数は前年と同数の90社とされている。近年IPOをめざすベンチャー企業は増えているが、上場基準は厳しく実現できる企業の割合は小さい。

(2) ベンチャー企業の起業に関する統計データの補足が困難であるため、起業の実態については日本政策金融公庫総合研究所が毎年実施している新規開業実態調査を活用することとする。

(3) このことは、総務省の事業所・企業統計調査の結果に基づく。なお、2002 年に日本標準産業分類における業種分類の移動が行われたことにより、この前後の比較が難しくなっている。詳細は、第 1 章の脚注を参照されたい。

(4) 厚生労働省「雇用保険事業年報」によれば、開業率が廃業率を下回るのは、2002年から 2005 年までの 4 年間となる。

(5) 日本政策金融公庫総合研究所（2018）、p.5。

(6) 日本政策金融公庫総合研究所（2018）、p.9。

(7) 日本政策金融公庫総合研究所（2018）、p.10。

(8) 開業に当たっては、開業を迎えるまでに必要とする資金と、その後の運転資金を数か月分調達するのが一般的である。

(9) Japan-Startup-Finance-2018.pdf p.14 より（http://entrepedia.jp/reports/88、2018 年3 月 10 日閲覧）。

(10) 経済産業省（2008）「コーポレートベンチャリングに関する調査研究調査報告書」の定義によれば、「企業が起業家精神（アントレプレナーシップ）を活用したベンチャー的な手法で新事業創出を行うこと。具体的には、企業が戦略的に、内部経営資源（技術・人）を外部化しベンチャー企業を育成・活用する、あるいは、外部ベンチャー企業を育成・活用することで新事業創出を行うことなどを指す」とされている。

(11) イノベーションリーダーズサミット実行委員会
https://www.dreamgate.gr.jp/InnovationLeadersSummit/about/（2019 年 4 月 23日閲覧）。

(12) 同社は 2019 年 5 月 10 日にニューヨーク証券取引所に上場し初値は 42 ドル。終値で換算した時価総額は 697 億ドル（7 兆 6,600 億円）であった。https://www.bloomberg.co.jp/news/articles/2019-05-10/PRATC66TTDS001（2019 年 5 月 11 日閲覧）。

(13) 同社のアニュアルレポート 2000 年 3 月期による。ネットワーク効果が注目された事例の 1 つで、イノベーターからアーリーアダプター、アーリーマジョリティへと一気に普及した。

(14) 同社の新株式発行目論見書（2000 年 3 月）による。

(15) ニールセンデジタルによると、2018 年 6 月現在で 2,028 万人に上る。https://www.netratings.co.jp/news_release/2018/08/Newsrelease20180830.html（2018 年12 月 10 日閲覧）。

【参考文献】

金井一頼・角田隆太郎（2002）『ベンチャー企業経営論』有斐閣。
清成忠男・平尾光司・中村秀一郎（1971）『ベンチャー・ビジネス』日本経済新聞社。
清成忠男（1996）『ベンチャー・中小企業優位の時代』東洋経済新報社。

経済産業省（2014）「ベンチャー有識者会議とりまとめ」。

坂本英樹（2001）『日本におけるベンチャー・ビジネスのマネジメント』白桃書房。

末松千尋（2002）『京様式経営 モジュール化戦略—「ネットワーク外部性」活用の革新モデル』日本経済新聞社。

中小企業庁（2014）『中小企業白書 2014 年版』。

中村秀一郎・石井威望（1983）『ベンチャーマネジメント』日本経済新聞社。

日本政策金融公庫総合研究所（2018）「2018 年度新規開業実態調査－アンケート結果の概要－」。

文能照之（2003）「クラスター機能に関する実証的研究－新たなベンチャー企業創出に向けて－」大阪大学大学院国際公共政策研究科博士論文。

松田修一（1998）『ベンチャー企業』日本経済新聞社。

柳孝一（2000）『ベンチャー企業の経営と支援』日本経済新聞社。

山根節（2005）「楽天（株）－ 2005 年」慶應義塾大学ビジネス・スクール。

湯川抗（2014）『コーポレートベンチャリング新時代』白桃書房。

Ert, E., Fleischer, A., & Magen, N. (2016) "Trust and reputation in the sharing economy: The role of personal photos in Airbnb," *Tourism Management*, Volume 55.

Kerr, W. R., Nanda, R., & Rhodes-Kropf, M. (2014) "Entrepreneurship as experimentation," *The Journal of Economic Perspectives*, 28 (3).

Liu, S. Q. & Mattila, A. S. (2017) "Airbnb: Online targeted advertising, sense of power, and consumer decisions," *International Journal of Hospitality Management*, Volume 60.

Ott, T.E., Bremner R.P., & Eisenhardt K.M. (2018) "Beyond the Chicken and Egg: Strategy Formation in Two-Sided Marketplace Ventures (Working Paper)." Chapel Hill, NC: UNC Kenan-Flagler Business School.

Rogers, E. M. (1971) "Diffusion of Innovations (3rd ed.)" THE FREE PRESS A Division of Macmillan Publishing Co., Inc. New York Collier Macmillan Publishers London.

Teixeira, T., & Brown, M. (2018a) "Airbnb, Etsy, Uber: Acquiring the First Thousand Customers," *Harvard Business School*. Business Research for Business Leaders. Harvard Business School Case, 9-516-094.

Teixeira, T., & Brown, M. (2018b) "Airbnb, Etsy, Uber: growing from one thousand to one million customers," *Harvard Business School*. Business Research for Business Leaders. Harvard Business School Case, 9-516-108.

Tsuji, M., Shigeno, H., Bunno, T. & Idota. H. (2018) "A Network Effect on SMEs' Innovation and Access to the Global Value Chain," *ERIA Japan Team Report*.

第7章

グローバル化の深化と中小製造業の経営戦略

池田　潔

1. はじめに

グローバル化の進展により、近年、中小企業においても海外展開を実施するところが大幅に増加している。たとえば、2018 年版『中小企業白書』によると、「中小企業の輸出額及び売上高輸出率は、輸出額、売上高輸出比率ともに年々増加している。輸出額は 2001 年度当初 2.6 兆円だったところ、2015 年度について見ると、およそ 2.5 倍の 6.2 兆円まで推移している。売上高輸出比率については、当初 2.3％だったところ 2015 年度は 4.1％まで割合を増加させた」とある。また、海外直接投資について見ると、「リーマン・ショック後の 2009 年に一旦減少したことを除けば、総じて増加傾向にある。このうち中小企業の割合について見ると、2001 年には 4,143 件で直接投資企業数全体の 68.2％を占めていたところ徐々にその割合を増やし、2014 年には 6,346 社と全体の 72.4％を占めるまでに至っている」とあり、中小企業も積極的に海外直接投資をしていることが記されている [1]。

ところで、わが国のグローバル化は、1985 年のプラザ合意以降の円高により急速に進展した。その結果、90 年代には中小製造業においても空洞化が生じているとの見解がある一方、2000 年代になると、国内は試作品や高難度品、海外は量産品や中級品といった国際的な機能分担や生産分業が行われ、国内工場はマザー工場として機能することから、空洞化に対して危惧する必要はないとする見解が出された。

さらに近年になると、中小製造業が海外展開しても国内製造部門は空洞化することはなく、むしろ輸出増により国内生産量も増加すること、海外進出することで見つかった新たな取引先と国内でも取引ができ、なかには、これまでの系列取引では考えられなかった取引先とも海外で取引が開始されたことをきっかけに、国内でも取引ができるようになり、国内売上が増加することで、空洞化は生じないとする論考が出された。

時代環境の変化により、空洞化に対する反応の仕方や見解が異なるものの、

筆者は近年の見方に対しては懐疑的である。海外に複数拠点を持つほどにグローバル化に積極的に対応している中小企業のなかには、海外に研究開発拠点さえも移しているところがある。特に、さまざまな国と FTA を締結しているタイでは、旧モデルではなく最新モデルの製品を作る大企業の工場があるが、その近くに立地する日本の中小企業には、研究開発拠点を設置して大企業のニーズに応えている。これまで、日本に残ると考えられていた研究開発機能が現実には海外に移転するほか、最初は日本からの技術に頼っていた海外拠点の技術力も次第に向上し、今では日本と同等のものができるようになっている。その結果、日本本社の生産機能は弱くなり、「企業視点で見たときの空洞化」が現実に生じている。近年の空洞化は起こらないとする議論には、"時間軸"の視点が抜けていると思われる。

　ここで、あらかじめ断っておく必要があるのは、本章では企業視点でグローバル化や空洞化を議論している点である。従来の議論では、ある企業や産業で空洞化のような現象が生じても、別の企業や産業が勃興、成長することで、マクロ的には空洞化は生じないとされた。たしかに、日本の経済や産業が成長拡大しているときは、マクロ的に議論することにも意味があるが、世界の経済成長が鈍化する中で、日本の経済や産業だけが成長することは考えにくく、マクロ的に考えて楽観視することには危険が伴う。足元の企業で起こっている現実を正確に見極めることが、有効な政策を考える上でも重要である。

　本章では、こうしたグローバル化が進展・深化する下での中小製造業の活動について考察する。一つは、グローバル化の進展をビジネスチャンスと捉え、積極的に海外展開を図った中小製造業（グローバル中小企業）について、長期時間軸を設定して分析する。二つ目は、グローバル化の影響を受けながらも、国内を中心に活動する中小製造業（ドメスティック中小企業）の最近の対応について見る。どちらもグローバル化が深化した時代に、中小製造業が生き残っていくための戦略的な企業活動である。

2. 中小製造業のグローバル化に関する先行研究と筆者の問題意識

（1）中小製造業のグローバル化に関する先行研究

　1985 年のプラザ合意以降、わが国経済は急速にグローバル化が進んだが、90 年代に入ると国内製造業の海外移転による「空洞化」が大きな問題として取り上げられた。このとき、問題の端緒となったのは大企業だが、当該大企業の属する特定の産業だけを取り上げて議論するのか、あるいは日本経済全体で見るのかでも結論は変わってくる。すなわち、特定の産業だけをみれば、衰退による空洞化が生じる可能性があるが、日本経済全体で見れば、代わりの産業が勃興したり発展したりするため空洞化は生じないとする見方である[2]。

　黄（2016）によると、グローバル化による中小製造業が海外展開することの影響は、①大企業の場合と同じく、中小企業性産業の空洞化をもたらす、というものと、②空洞化は起こらない、とするものがある[3]。ここでの空洞化の議論は「中小企業性産業」とあるように、一企業ではなく、産業を対象としている。大企業が海外展開することによって懸念された中小企業の空洞化に関しては、警鐘を鳴らす意味もあり、90 年代に数多くの研究がなされた。中小企業に関するものでは財団法人商工総合研究所が、「国内産業と空洞化と中小企業」というテーマで日本学術振興会産業構造中小企業第 118 委員会（小林靖雄委員長）に調査を委託し、その成果が 96 年に 3 回シリーズで発表されている[4]。

　このうちの第 1 回は、松永（1996）の「日本産業の空洞化と中小企業」と題するもので、産業の空洞化を経済発展との関係で理論的に位置づけることや、日本の中小製造業の縮小が生じているかを統計データによりながらマクロ的に分析している。そこでの結論は、まず、産業の空洞化と高度化を峻別することから始まり、1 人当たりの実質所得の増大をもたらすような産業構造の変化を「高度化」、それを妨げるような構造変化を「空洞化」とする。「工業統計表」によって製造業の実態を見たところ、90 ～ 93 年には事業所数・従業者数・付加価値額のすべてにおいて絶対的縮小が認められるが、これはバブル崩壊後の

不況による影響であり、このことをもって産業の空洞化があったとは言えない。ただし、規模別に見ると、製造業で減少しているのは零細な自営業主がほとんどであり、法人企業はむしろ増えていることから、この零細自営業主が産業集積を形成して日本産業の国際競争力に大きく寄与しているか否かが、「空洞化」として問題とすべきかを決めることになる。ただし、全ての産業集積が重要なのではなく、次代の日本経済を担うべきハイテク産業を支える産業集積が問題となる、としている[5]。

　また、第3回は渡辺（1996）の「産業空洞化と中小企業－事例を中心に見た機械工業における構造変化の内容」と題するもので、ここでは日本の製造業中小企業、その中の機械工業下請中小企業にとって「産業空洞化」を議論するときに必要なのは、日本の産業が「空洞化」するかしないかを議論することではなく、激しい構造変化が生じていることや、これが製造業中小企業やその中の機械工業下請企業に影響を与えつつあることを議論の前提とすること、との記述で始まっている。その上で、工業統計表やアンケート調査、20余りのヒアリング調査によって構造変化の内容とその方向性を明らかにしようとしている。その結果、不況の中での海外生産化の進展により、より強烈な形で安定的な需要に依存していた工業集積内の中小企業の存立基盤が失われていることは確かである。その一方で、同じ工業集積内に立地する中小企業でも、変化の激しい需要に対応している中小企業については、工業集積内に立地することをいかすことにより、工業集積内で存立する今後の展望をもちうる。大企業に主導されたグループのジュニア・パートナーとしてではなく、工業集積の持つ柔軟な生産システムとなりうる可能性を自ら現実化させることにより、変化の激しい需要への対応力をつけることにより、国内で拡大する変化の激しい需要をわが物とし、存立の展望をもちうる、としている[6]。

　90年代の論考を中小製造業の分野に限ってみると、空洞化が生じていたとする論調のものが多い。こうした状況下、守屋（2014）では、国は次のような方向性を示していると分析する[7]。すなわち、2010年度以前の『中小企業白書』では、グローバル化は高齢化、金融などと並び、イノベーションを起こそうと

する中小企業が直面する問題、わが国のみが避けることのできない問題であり、グローバル化をビジネスのチャンスとして捉えて積極的に海外に出るか、国内に留まる選択肢を選ぶか二つの方法があるとする。

　ちなみに、2006年版の『中小企業白書』を見ると、国際展開は東アジア域内の相互関係が深化するなか、我が国経済への寄与という視点に立てば、比較的付加価値の低い製品や工程を、相対的に土地や労働力等のコストの低い東アジア諸国に移転し、他方、高付加価値の戦略製品の開発・製造は、国内において維持・強化するという、産業全体としての国際最適分業を実現していくために、必然の変革プロセスの一環である。他方、個々の中小企業の視点に立っても、国際展開は、マーケティング、人材、生産・開発体制等、種々の点で高度化と自立化の効果をもたらし、その結果、国内事業も含めたビジネス全体の高度化と拡大へ繋がっている例が多いとする。その上で、海外展開により、中小企業にある種の変革・経営革新が起こる例は多いとし、①販路の拡大による国内外における売上増加、②事業構築全体の効率化による生産性の向上、③「自立した中小企業」への脱皮が期待できるとしている[8]。この白書の中で注目したい点は、前段部分の「国際最適分業」である。当時、この言葉が含意するものとして、技術力の高い日本の中小製造業は、グローバル化が進展するなか、国内は試作品や高難度品などにシフトしていき、量産品や単価の安いものはアジアを中心とする海外で、といった国際分業が意図されていた。

　しかし、2010年度以降の『中小企業白書』では、その論調が変化した。すなわち、2008年のリーマン・ショックを契機に世界中の景気が後退したが、そうしたピンチを乗り越えるため、海外展開により海外需要を取り込んでいく「成長機会の取り込み」を訴えているとする[9]。

　近年は、この成長機会を取り込むことによって国内本社の売上や雇用が増加し、空洞化は生じないとする論考が、浜松（2013）、藤井（2014）、山藤（2014）などによって示されている。以下ではこのなかの浜松を取り上げて見よう。

　浜松（2013）は、諏訪地域の中小企業を取り上げ、「国際化した中小企業の国内業績が良いのはなぜか」という問題設定から分析を開始する。そこでの仮

説として、直接的効果と間接的効果をあげる。直接的効果とは、グローバル受注により機能分業が行われ、それにより受注量が増加することや、国内で元々取引のなかった顧客を海外拠点の顧客が紹介してくれることの効果、さらには、海外拠点で挙げた利益を配当や技術使用料として国内拠点に分配することで国内拠点の利益向上に寄与する、というものだが、これらの効果は限定的であったとする。一方、間接的な効果としては、海外拠点への生産移管による危機感が国内営業を活発化させたり、自社の技術力を向上させるといった能動的アクションが国内拠点の業績向上に寄与しているとするもので、こちらの効果が認められたとする[10]。

（2）筆者の問題意識

　筆者は、近年の論考が想定している「時間軸」では、グローバル化や空洞化を評価する期間としては短いと考える。すなわち、時間軸を長くすることで、短期の視点では想定されていなかったことが現れる。実際の中小製造業が海外展開するときの様子を見ると、次のようである。

　海外進出する中小製造業の多くは、国内に本社や工場などの拠点を残しながら、現地に工場を設置する[11]。海外工場を設立すると、多くの場合日本人スタッフが常駐し、そのうちの一人が現地での最高責任者になる。進出間もないときは、日本から古くなった設備や現在稼動中の設備を移設して生産が開始され、日本からは技術者が定期、不定期に派遣されて現地従業員を指導する。これにより、低賃金を背景とした比較的難度の低い製品や、日本で生産していた部品等が、これまで日本でも取引のあった現地日系企業や、新たに開拓した現地企業、海外企業に販売される。

　しかし、一定の時間が経つとどうなるか。日本に比べ技術的に遅れている現地工場に技術指導に行ったり、現地でもハングリー精神が高い技術者が育成されたりすることを通じ、日本と同等の、場合によってはそれ以上の技術を持つワーカーが育ってくる[12]。ここまでなるには相当の年月が必要だが、時代の経過とともに海外現地工場の経営者やワーカーたちの間に、これまでのように

日本の本社に頼らないと何もできなかったレベルから自立化が始まる⁽¹³⁾。詳しくは後述するが、時間軸を長く取ると、企業ベースで見たときに国内本社の売上増にはつながらない、と言うのが筆者の問題意識である。

　次に、こうしたグローバル化をビジネスチャンスとして、積極的に海外展開を図る企業とは別に、主に国内市場で活動する企業もある。むしろ中小企業の数からするとこちらのほうが多く、それら企業の活動実態を集積地に立地する企業を取り上げて分析する。国内市場は、経営者の高齢化や売上低迷により、廃業する中小企業が増えているが、そのことはたとえば、東大阪の産業集積地でこれまで見られた仲間取引である「横請け」を減少させている。また、グローバル化の進展は、親企業の海外進出をも活発化させたが、これにより、これまで形成されてきた親企業との間の「長期継続的取引」が崩壊しだしている。こうした日本的取引慣行の変化に危機感を抱いた中小企業経営者は、国内市場で活路を見出すために新たなネットワークを形成しだしており、その実態について見る。

3. グローバル化の進展と国内部門の役割、機能、位置づけの変化

（1）80年代から海外進出をはじめた村元工作所

　㈱村元工作所（本社：神戸市）の創業は1935年で、主に金属プレス部品加工、樹脂成形部品加工、プレスおよび樹脂成形金型の設計・製作等を行っており、製品にはカーステレオやホームオーディオ、デジタルビデオカメラやプリンターなどの精密機構部品などがある⁽¹⁴⁾。同社の海外進出は、1985年に取引銀行の主催する「中国投資環境調査団」に同行したことがきっかけで、香港の金型メーカーを買収したことにはじまる。香港は2年で撤退するが、内外価格差がビジネスになることがわかり、1987年はタイに現地法人を設立、それまで国内で行っていたプレス加工を現地で開始した⁽¹⁵⁾。その後、海外展開の最盛期にはタイ（4工場）、フィリピン（2工場）、インドネシア、シンガポール、

マレーシア、ベトナム、中国（2 工場）、アメリカ、メキシコ、チェコの 10 カ国に進出した。本社の従業員数はピーク時には 300 人ほどがいたが、2015 年現在では 143 人、海外を含むグループ全体では 1 万 1,723 人で、資本金は 8 千万円である。同社は範疇としては中小企業に入り、複数の国に海外進出しているほか、海外進出年数も 30 年を超えるなど、今回の中小企業の海外進出を考える上で重要な意味をもつケースである。

　同社が海外展開を決意したのは、円高によりホームオーディオの輸出にかげりが出だしたためで、当初、日本に製品を供給しやすい韓国、台湾も検討したが、最終的には比較的政情が安定していたタイを選んだという。その後、日本の大手家電メーカーがタイなど東南アジアに量産工場を次々と設立したこともあり、タイ工場の受注が急増した。また、タイの現地法人は、92 年にタイ株式市場に独資日系企業としては初めて上場を果たしている。

　2006 年の国際協力銀行の雑誌「JBIC　TODAY」のなかで、当時の代表取締役だった村元信吾氏がタイ工場について次のように述べている。「新規インクジェット複合プリンターの生産委託を受注しました。部品からアセンブリ、塗装、梱包までを担当する完全 OEM 生産で、まさにタイ工場の高度・高信頼の技術力を証明するものといえます」「いまや、量産技術は海外拠点の方がはるかに上です。海外の拠点に総計 100 名を超す日本人社員を配置していますが、国内の開発部門や取引先の技術部門の方とのコミュニケーションを密に行いつつ、彼らが現地社員への技術移転の要となることで高度な生産を行っています」[16]。

　また、2007 年当時の状況について、当時取締役だった村元四郎氏（元代表取締役）の講演録に次のように記されている。「タイは 87 年にバンコクに進出したが、90 年には第二工場の設立、92 年にはタイ国証券取引所に上場、95 年には第二現地法人の設立、06 年には第三工場の設立と急激な円高が追い風となり拡大した。日本国内も増産基調が続いたが、それに対応するため、タイ以外の東南アジアで組立工場を作るように本社から指示があり、フィリピンに進出。さらに、海外、東南アジアの情報を取る必要から、シンガポールに営業と

部品調達の会社を設立したほか、94年には顧客からの強い要請でインドネシアに進出している」[17]。このほか、講演録に記載されている発言の中からいくつかを拾うと、「モノづくりには国境がない。グローバル化とはボーダレス時代だと思います」「グローバル化された経済社会ではビジネスチャンスは日本だけではなく、世界中にあると思われます」「今までは、先進国に品質の優れた、性能の安定したものを輸出して、それ以外の国々には一世代遅れた旧式モデルと称するものを輸出していましたが、今はアメリカであろうが、ヨーロッパであろうが、アジアであろうが、同時につくって同時に出さなければマーケットの奪い合いに負けてしまう、（中略）当社ではお客さんの膝元で商売するのが大原則ですので、お客さんの行くところにはついていく、そうでないと仕事がなくなると思っています」と語っている。

（2）グローバル化の深化に伴う内外情勢の変化

以上、1987年から2000年代初頭にかけて、村元工作所が活発に海外展開する様子を見た。同社の海外展開は、海外のユーザー近くに工場立地し、同時に技術者を送り込み、技術移転や研究開発を行うことで、日本で作っていたものと同等のものを作るところに特徴があった。海外工場が完全に立ち上がるまでは日本から輸出していたこともあったが、ユーザーが求めるものは、基本的には全て海外の現地工場から即納しようとしていた。こうして、世の中のグローバル化の進展に合わせて積極的に海外展開を図り、企業規模も拡大していった。一方で、その後のグローバル化の深化が、同社および日本本社の活動に大きな変化をもたらした[18]。その内容を記すと、

①日本の大企業（親企業）の生産体制や取引慣行の変化

②現地法人の技術力向上と自立化

である。

①について見ると、同社はテレビ関連の事業が売上の大きな部分を占めていたが、取引先であったP社やS社など日本を代表するメーカーがことごとく韓国勢に敗れたことで、売上が大幅に減少した。また、テレビ関連事業と並び、

自動車に搭載するカーオーディオやカーナビゲーションなどの自動車向け部品事業も大きなウェイトを占めていたが、この事業の売上も減少した。たとえば、カーオーディオの主要取引先の一つにF社があるが、F社の本社や生産拠点は神戸市にあった。F社はその後社名変更するが、社名変更後も神戸市に本社を置いたものの、生産拠点は岐阜県中津川市に集約した。中津川市では、自動車用電子機器・オーディオ・ビジュアル機器の研究開発機能と一部生産機能だけが残り、量産機能は全て海外拠点に移管され、その分、村元工作所本社の売上はなくなった。

　自動車関連では、取引関係の変化も同社の売上に大きく影響している。これまで、日本の親企業と下請企業との取引関係は「長期継続的取引」が一般的であったが、これが大きく変化した。すなわち、自動車のモデルチェンジ毎に自動車メーカーであるトヨタとカーオーディオメーカー（たとえばF社）との間で入札が行われるようになり、F社が入札に失敗すると同社への発注もなくなる。したがって、同社がF社から受注できるかは、F社のカーメーカーからの受注如何にかかっている。

　②は、海外工場の技術力の向上と、それによる自立化である。同社の企業方針として、ユーザーのすぐ近くに工場を設立し、短納期でユーザーに部品や製品を納入することがあった。このため、日本人技術者も数多く海外に出向し、日常的なレベルの研究開発は海外工場で行うようになった。前述の村元信吾氏の言葉にあるように、量産技術は海外拠点の方が上とまで評価されるほどに技術力が向上したのである。このレベルにまで達すると、人件費等の安い海外工場のほうでコスト競争力も備わるほか、最終的には連結決算でグループ全体の業績が問われるとしても、それぞれが独立採算制を敷いているため、なるべく本社に頼らない自立した行動をとろうとする。

(3) グローバル中小企業の小活

　村元工作所は、グローバル化を成長機会として積極的に取り組み、海外拠点を中心に稼ぐグローバル中小企業となった。すなわち、海外で作られたものの

一部が日本に輸入されることはあるが、同社の量産機能は海外工場に移っており、海外で儲けるような企業体となっている。海外工場で儲けが出ると、その一部はロイヤルティとして、売上の数パーセントが日本本社に支払われるほか、上場したタイの子会社からは配当金が支払われる。同社の生産機能はグローバル化によって海外にシフトし、海外で儲ける企業体となったが、日本本社の機能や位置づけはどうなっているのであろうか。

　本社は現在、総務や営業のほかに開発機能と一部の生産機能があるが、社長が在席してグループ全体の中枢機能や、グループ全体の売上が上がるように調整・管理機能を担っている[19]。本社の開発部隊は、海外工場の効率化のための研究開発など、海外工場の支援を行っているほか、次世代の同社の柱となるような新製品開発を行っている。

　また、海外現地法人を含むグループ企業各社は、それぞれ独立採算制を敷いており、自立化色を強めている。たとえば、海外拠点にも営業機能があり、海外工場で作られた製品の営業は、現地の営業部隊が行っている[20]。また、同社の経営方針にもあるように、海外で必要な開発も、かなりの部分が現地でできるようになっている。

　こうして、村元工作所はグローバル化にいち早く取り組んだ結果、海外拠点を中心に利益を生み出す企業体となった。日本の本社は、グループ全体の中枢機能の役割や、海外拠点の生産効率化などの支援に向けた技術開発、次代を担う新製品開発に向けた研究開発や新製品の営業を行っている。しかし、グローバル化に対して「近年の論考」が述べるように、本社の国内営業が活発化し、海外進出する以前にも増して国内部門の売上が増加しているわけではない。

　近年の論考では、グローバル化の進展により国内拠点の業績が上がるとしているが、時間軸を長く取ることで、グローバル活動を開始した中小企業は「グローバル中小企業」として行動をするようになる。村元工作所はグローバル中小企業として、グループ全体の売上が上がるように行動しているが、そうであれば、グローバル化してもなお国内部門で生産現場を持ち、そこがグループ全体のプロフィットセンターとしての役割を果たさなければならない、とする必

要はない。そういう意味では、企業としてどこで、どのように稼ぐかは企業それぞれであり、経営者の考え方や企業のビジネスモデルに大きく左右される。

4. ドメスティック中小企業の対応

　これまで、グローバル化に積極的に取り組んだ企業のケースを見た。しかし、グローバル化対応のひとつである海外進出を選択すると、多額の投資が必要となるほか、失敗したときのリスクも大きくなる。こうしたリスクを嫌い、海外進出を選択しない経営者も多い [21]。それらは、国内生産を続けることになるが、これら企業も以前とは事業活動をする環境が大きく変わっている。一つは第3節で見たように、これまでの長期継続取引が崩れた影響が、ドメスティック中小企業にも現れていることがある。また、グローバル化の影響で海外との競争も激化し、売上が減少している企業も多い。さらに、後継者問題により廃業を余儀なくされるなど、このところの企業数はピーク時と比べ大きく減少しており、そのことが従来の取引関係に影響を及ぼしている。

　こうした変化は産業集積地においても顕著で、東京都大田区と並び日本の二大産業集積地である東大阪地域においても企業数はピーク時の半数以下となっている。このため、東大阪地域ではこれまで「横請け」と称される仲間取引が行われていたが、その発注先が減少したことで、従来の取引が維持できなくなっていることがある。以下では、国内生産を中心に活動する中小製造業が、新たなネットワークを形成して生き残ろうとしている現状を浮き彫りとする。なお、グローバル化の進展に古くから対応してきた村元工作所と異なり、ここで取り上げるケースは、世の中のグローバル化の影響を受け、最近になって誕生したものである。したがって、長い時間軸で見ることはできず、評価するには時期尚早との批判があればそのとおりだが、ドメスティック中小企業の可能性を示す新しい動きとして注目したい。

（1）守口門真商工会議所による「新分野調査研究会」⁽²²⁾

　守口門真地域は、パナソニックの本社とかつて三洋電機の本社があった地域
で、最盛期は家電産業の企業城下町として数多くの下請企業が操業していた。
ここに紹介する5社もパナソニックや三洋電機の下請企業で、親企業に対する
依存率は90％や100％などときわめて高かった。また、親企業が好調な頃は、
下請企業とも共存共栄の関係が築かれ、協栄会のメンバーは親企業の勧めでお
互いの工場を見学するような勉強会や、研修会が頻繁に行われていた。

　家電産業が成長産業として隆盛を極めていたころは、親企業に対する依存率
の高さもさほど問題とならなかったが、テレビを筆頭に、家電商品が韓国勢に
敗れだしてからは様相が一転した。すなわち、2000年代に入ると家電メーカー
がリストラを開始し、下請企業の仕事もどんどん減少していった。また、親企
業も海外生産にシフトするようになった結果、協栄会も解散となり、上述の勉
強会や研修会も開かれなくなったのである。

　守口門真地域にかつての活気がなくなりだしたころ、商工会議所の若手職員
を中心に、勉強会を開催して打開策を見出そうとする機運が高まった。その結
果、2014年に会議所の中でも発言力のあった三郷金属工業㈱、藤中産業㈱、
豊栄金属工業㈱、マーク工業㈱、㈲森田製針所の5社と若手職員をメンバーと
する「新分野調査研究会」が発足した⁽²³⁾。研究会の設立目的は、「新規事業や
新分野に対する取り組みを支援し、同じ目標を持った中小企業5社程度が連携
し、コーディネーターを中心に、課題解決を通じて企業の強みを把握し、新た
な事業・分野に対する取り組みを実現することで、守口・門真地域におけるビ
ジネスモデルを構築する。参加企業の中から、地域をけん引していく企業を創
り出す」とある。同研究会は当初会議所予算で運営され、オムロンのOBを講
師とする勉強会が定期的に行われた。開始当時は医療分野で新製品開発を計画
していたが、お互いの製造レベルが異なることや、医療分野で実行するには業
種が不足しており、5社だけでは無理なことがわかり断念した。しかし、研究
会はその後も継続して行われ、開始から3年経って会議所予算がつかなくなっ
た後も企業自らが講師代等を負担する形で毎月1回開催しており、研究会の名

称も「新分野開拓研究会」と変更した。

　現在、この研究会は、中堅社員の研修の場となっている。中堅社員がそれぞれの工場を訪問し、講師の指導・助言の下、いわゆる「工場見せ合い会」を実施して、お互いに気づいた点を指摘、改善していくというものである。最初のころは遠慮がちの工場見せ合い会だったが、現在では経営者がお互いの会社の決算書を見せ合うほどの中になっている。よそから5社に舞い込んだ仕事の紹介も行っており、実際の受注にもつながっている。また、お互いの会社が保有する技術の供与や、使っていない設備の貸出、生産管理システムソフトの共同購入などを行っており、独立を維持しながら強固な結びつきを生み出している。さらに特筆すべきは、企業間で人のやりとりを行っていることがある。具体的には、三郷金属工業から藤中産業に完全に移籍した人がいることや、マーク工業や豊栄金属工業にフルタイムやパートタイムの派遣や出向が行われている。

(2) MACHICOCO による新たなブローカー機能の形成 [24]

　ブローカーは、商行為の媒介を業とする人を言うが、さまざまな業界で見られ、かつては機械金属加工業界でも多く見られた。出自は、最初からブローカーとして始めた人もいるが、機械金属加工業に従事していた人が定年で退職したあとに始めたり、勤務先企業の倒産、廃業などでやむなく始めた従業員や経営者などがいる。機械金属関連業種のブローカーに関する統計は存在しないと思われるが、機械金属加工をしている企業でヒアリングすると、近年ブローカーをしていた人が辞めた後は誰も来なくなっており、業界内でも存在を聞かなくなったという。

　ブローカーは、色々な企業に出入りすることを通じて、どこからともなく聞きつけた仕事の依頼情報を企業に紹介し、手数料や成功報酬を収入源としていた。現在のようにインターネットが普及していなかった時代では、ブローカーによる受発注機能は地域の中小製造業において貴重であった。また、ブローカーの出自にあるように、多くは機械金属関連業種に従事していたことから、同業

者や関連業者の情報（所在地はもちろん、経営者の性格、工場ではどのような機械設備や熟練技能者を保有しており、どのような加工や仕上げを得意とするかなどの加工レベルや技術情報、量産を得意とするか少量や単品生産を得意とするか、さらには価格や納期などの情報）に明るい。これにより、地域内で的確に受発注のマッチングが行われていたことは想像に難くない。しかし、このブローカーも高齢化が進み、後継者がいなくなったことや、それほど高収入が得られるわけではないことなどから姿を消していった。

こうした状況下、インターネットを活用したブローカー機能を新たに構築する企業が現れた。それがMACHICOCO（東大阪市）である。同社は、中辻金型工業㈱（東大阪市　従業員20人）の経営者の娘である戸屋加代氏が2018年7月に独立、起業した会社である。ここで、戸屋氏が起業するきかっけとなった中辻金型工業について見ると、同社はプレス金型、プレス加工、金属加工、板金加工、試作、オーダーメイド等を手がける会社で、創業は1974年である。戸屋氏は大学卒業後、情報系の会社で情報データ運用の業務に携わっていたが、2001年に父親の経営する中辻金型工業に入社した。2002年には当時、同社で唯一NC工作機械を操作できる従業員が退社したため、父親からの強い要請により、NC工作機械の操作を1日でマスターしたという。また、入社時の従業員は5人だったが、2002年に1人が辞めたことでスタッフが不足し、営業もままならなくなったことから、2007年にホームページを作成し、Webでの営業を開始した。

入社後10数年現場体験したことや、取引先の町工場や関連企業とも親しくなり、町工場の現状や課題が見えるようになった。すなわち、町工場側は、販路開拓したいができていないという課題や、技術はあるのにそれが発信できていないという課題があった。一方、発注者側もどこに発注してよいか分からないという問題があり、これまでの経験を生かし、Webを活用した現代版ブローカーを開始することにしたのである。

具体的には、戸屋氏が定期的に技術力のある中小企業を訪問し、そこで仕入れた情報を戸屋氏が運営するmonootoというサイトにブログ記事として定期

的にアップする。ここでのポイントは、技術力のある"とがった中小企業"がネットワークメンバーである点で、中小企業であればどこでもかまわない、というわけではない。メンバー企業からは情報発信サービス料として、毎月定額を徴収するほか、サイトを見た企業がmonootoを介して制約すると成功報酬を得るというビジネスモデルである。monooto自体はあくまで仲介と生産管理までの業務が中心で、品質管理等、それ以外の業務は発注企業が行うことになっている。

（3）事例からのインプリケーション

　1つ目のケースからのインプリケーションは、ネットワークを形成することで、お互いが不足しているところを補完していることがある。特に人材を融通しあうところは、これまでの中小企業ネットワークには見られない取り組みである[25]。このケースは、大企業から中小企業にではなく、中小企業どうしの人材幹旋、派遣というところに特徴があるが、そこでは、同業種ではないにしても機械金属関連業種ということで相性が良いことや、企業規模も近いこと、人材のやり取りをする前に、それぞれ企業の従業員が勉強会等を通じて馴染みがあること、またお互いが守口門真地域に立地しており、学校や住居の転居の必要がないなど、諸々のハードルが低い。これにより、大企業から中小企業に移動する場合よりも、移動しやすいものとなっている。

　2つ目のケースからのインプリケーションは以下のようである。現代は、インターネットが普及し、中小企業でも手軽に情報発信ができるようになった。実際、情報発信に長けた企業はホームページ、ブログ、SNS等を駆使し、内容に関心を持った企業から引き合いや受注を受けている。しかし、多くの中小企業では、技術的に優れたものを持っていても、情報発信力が極めて弱いことがあり、その結果、発注企業側もどこに発注してよいか分からないという現状がある。したがって、技術力のある中小企業に代わって情報発信をすることと、それをベースに発注側とマッチングさせる現代版ブローカー機能が社会からも必要とされている。

5. むすび—グローバル化時代の経営戦略上の課題

　本章では、グローバル化が深化するなか、海外展開を積極的にして対応する
グローバル中小企業と、国内での活動をメインとするドメスティック中小企業
の対応について見た。以下では、グローバル化時代の経営戦略上の課題につい
て考えることで本章のむすびとする。

　海外展開をした企業からは、近年の論考で示されたような、グローバル化の
進展が国内部門の売上を増加させてはいなかった。むしろ、グローバル中小企
業として海外での売上を増加させるために、国内の本社部門は海外工場を含む
グループ全体の中枢機能の役割を担いながら、国内生産部門は海外工場の効率
化を支援するための技術開発や、次世代の新製品開発の役割を担っていた。

　ところで、グローバル企業を志向している中小企業であれば、海外で稼ぐビ
ジネスモデルを構築すればよいが、ビジネスモデルの対象となる海外での取引
先の多くは日系企業である。しかし、今後、日系企業以外の地場資本の現地ロー
カル企業や、海外資本の企業との取引も増えることが予想されるが、それら企
業との取引が増えることでリスクも生じる。すなわち、これまで国内での取引
であれば長期継続的取引が商慣行としてあったが、海外の日系企業との間でも
それが通じなくなる恐れがあること、現地ローカル企業や海外資本の企業との
取引であれば、そもそもそうした取引慣行がないことがある。したがって、海
外の取引先から突然発注がなくなる可能性もあり、このときの対応が問われ
る。たとえば、iPhone を受託製造している台湾の鴻海（ホンハイ）精密工業
では、新型 iPhone の販売不振を受け、10 万人もの従業員をリストラするとの
報道があった[26]。日本企業や日本人経営者は大胆なリストラをすることには
抵抗感が強いが、今後、海外展開中の企業や経営者には、的確な情勢判断をす
ることはもちろんだが、大胆な決断力、実行力を備えることが求められる。

　また、海外工場などでも人材が育ってくると、当然の流れとして自立化の動
きが出てくるが、その場合、国内本社のガバナンス力が問われる。海外進出し

た中小企業は、日本本社よりも多くの従業員を海外工場で雇用することが多いが、人事制度を含め、組織に対するガバナンス力を高めることが大きな課題である。

　現在のわが国は「大廃業時代」を迎えているが、2025 年には経営者の 6 割以上が 70 歳を超えるなど、後継者問題、事業承継が大きな問題となっている。この問題の発端は、経営者の高齢化だけではなく、グローバル化の進展による大企業の海外進出や、それまでの日本的取引慣行が崩壊したことにもある。今回見たように、グローバル化の深化がドメスティック中小企業を新たなネットワーク形成に向かわせた。守口門真地域のケースでは、中小企業同士が人的な面でも不足を補い合うような、強固なつながりを持ったネットワークを形成していたが、中小企業にとって人材不足は大きな課題であり、中小企業自ら形成したネットワークの中でその問題を解決しだしたことは、中小企業間の新しい動きとして注目される。

　ところで、中小企業の人材不足を補う動きとして、大企業を巻き込みながら地域で解決を図ろうとする動きもある。京都試作ネット[27] の創設者の一人である鈴木三郎氏（現在、㈱最上インクス代表取締役会長）が、2012 年頃から提唱している「経済の森構想」がそれである[28]。この構想では、大企業を"大木"、中小企業や下請企業を"下草"に例えながら、大木が育つには下草に養分が十分に行き渡り、この下草が大企業にとって養分となること、また、下草にも水や養分が必要であるとする。下草にとっての養分は、大企業からの落ち葉が該当するが、落ち葉は大企業の従業員を指している。大企業の従業員の中には退職後、海外企業で技術指導する人を見かけるが、地域でもそうした人たちが活躍できる場を提供することが重要だと説く[29]。

　中小企業は、技術があってもそれをマネジメントできる人が少ない。ややもすると、現在保有している技術の活用だけに目が行きがちで、それを進化させて別の製品にどのように応用するかや、どういう技術と融合させて新たな製品を生みだすかなど、大局的な判断や全体をマネジメントできる人が少ないという。そうしたなか、今回、中小企業が独自に適材を融通するルートを作ってい

たことは、中小企業ネットワークの新たな可能性を示すものとして大きな発見
であった。

　最後に、これまで日本的取引関係の特徴とされた、長期継続的取引が失われ
つつあることの課題について触れておこう。親企業が下請企業に継続的に発注
していたときには、こんな部品やあんな加工をしてほしいといった「企画」が
示され、下請企業側もそれに応えるために、技術開発や新たな加工方法を模索
するなどして対応していた。親企業の新製品づくりに関わるなかで、下請企業
側も自らが創意工夫して技術革新を行っていたのである。しかし、長期継続的
取引が失われつつある現在、これまで親企業が下請企業に出していた「企画」
を下請企業自らが見つけていく必要がある。将来必要となる技術を下請企業自
身が展望しながら、それに向けた取り組みをすることが求められるのである。
たとえば、京都試作ネットは試作を売りにする中小企業ネットワークだが、こ
の試作こそが次代の新製品や、これからの普及が予想される新分野と深く関
わっている。京都試作ネットのメンバーになると、1社では入手しにくい新製
品がらみの情報が得られるのは、京都試作ネットの「評判」に引き寄せられる
形で、さまざまな分野の試作依頼が舞い込むからである [30]。まさに、親企業
の企画に相当する情報が得られるのである。グローバル中小企業もドメス
ティック中小企業も、単独で活動するにせよ、ネットワークを組んで活動する
にせよ、新たな技術の方向性を独自に入手し、それに向けたイノベーションを
行う必要がある。

【注記】

(1) 中小企業庁 (2018)、pp.24-26
(2) たとえば、伊丹＋伊丹研究室 (2004)
(3) 黄 (2016)、p.29
(4) 商工総合研究所 (1996年6月〜8月)
(5) 松永 (1996)
(6) 渡辺 (1996)
(7) 守屋 (2014)
(8) 中小企業庁 (2006)、p.78

(9) 前掲、守屋（2014）

(10) 浜松（2013）

(11) もちろん、その前に、情報入手のための駐在員事務所や営業拠点だけを設置し、その後、工場を設立するような段階的進出もあるが、ここでは技術や製造に関する空洞化を問題とするので、海外に工場を設立した段階から考える。

(12) NHK スペシャル「灼熱のアジア　第 1 回タイ"脱日入亜"日本企業の試練」（2010年 8 月 22 日放送）で、タイの大田テクノパークに進出した㈱南武では、日本の本社工場でもできない、異なる金属を溶接する最高難度の特殊溶接である「溶着」をマスターしたワーカーのことが紹介されていた。また、タイ工場から日本本社に発注した部品をタイ工場で検品する作業が映されていたが、「加工レベルは我々の方が上だ」という趣旨のタイ人ワーカーのコメントが紹介されていた。

(13) 海外に工場を設立するときに、最近増加しているのが、日本で技能実習生や正規従業員だった外国人労働者が本国に戻り、日本で働いていた企業の下請や関連会社としてスタートするケースである。一昔前には、海外進出したものの信頼できるパートナーが見つからず、結果、うまくいかずに撤退するケースが見られた。しかし、上述の場合、日本で働いている間に日本人経営者との間で信頼関係が醸成され、こうした問題が解決される。

(14) 同社ホームページ https://www.muramoto.com/jp　（閲覧日：2018 年 11 月 14 日）。

(15) 中小企業センター（2011）によると、1970 年代は中小企業による海外進出はあまり見られなかったが、1980 年代前半になると、現地ではサポーティングインダストリーの集積が弱く、調達先の確保は困難であった。大企業は国内の調達先である中小製造業に海外進出を要請したため、大企業の下請製造業を中心として、中小企業の海外進出が見られるようになった。1980 年代後半になると、大企業からの要請による中小製造業の海外展開が本格化し、輸出関連産業や自動車、家電の下請企業の海外展開が進んでいる。1990 年代に入ると、円高の進展による輸入品の価格競争力の高まり、国内の景気低迷や大手企業の現地調達等による国内取引縮小に直面し、中小製造業が自己判断で海外進出を決意するケースも増加した。2000 年から 2005 年にかけては、海外に現地法人を持つ大企業の増加とともに、海外に現地法人を持つ中堅中小企業も再び増加しており、国内市場の縮小を背景として中小企業が本格的に海外進出をしているとある。このことからすると、同社の海外進出はグローバル化の流れに歩調を合わせる形で、早い段階から取り組んでいたことがわかる。

(16) 国際協力銀行「JBIC TODAY AUGUST」https://www.jbic.go.jp/wp-content/uploads/page/2013/08/13853/smes_200608.pdf#search=%27（閲覧日：2018 年 8 月 1 日）。

(17) 尼崎地域産業活性化機構　シリーズ「地域と産業」講演会　村元四郎「グローバルオンリーワン企業への挑戦」http://www.ama-in.or.jp/research/sub05.html　（閲覧日：2018 年 8 月 1 日）。

(18) 以下は、2018 年 6 月 25 日の村元四郎氏（元代表取締役）へのヒアリング、及び村元秀士氏（取締役）への同年 7 月 4 日、9 月 14 日のヒアリングによる。

(19) グループ全体への指揮命令や情報伝達・共有のために、日常はテレビ会議を利用しているが、2ヶ月に一度は本社に海外工場の役員も集め、フェース・ツー・フェースの役員会を開いている。

(20) ただし、海外で営業して受注が取れるのは、村元工作所の創業以来の歴史や信頼があるからだという。

(21) 戸堂（2011）は、海外に進出できるほどの実力があるのに、飛躍できてない企業を「臥龍（がりゅう）企業」と呼んでいる。

(22) この項は、2018年11月14日と11月29日に、三郷金属工業㈱ 代表取締役社長児島貴仁氏へのヒアリングによる。

(23) この5社は同じ協栄会に所属していたが、仕事内容が異なっていることもあり、これまで顔を合わせたことはなく、守口門真商工会議所に属していることが共通点だった。

(24) この項は、2018年6月5日、11月12日にMACHICOCO 代表取締役 戸屋加代氏へのヒアリングならびに同社ホームページによる。

(25) 国は2015年から内閣府が中心となり、東京都を除く各道府県に「プロフェッショナル人材戦略拠点」を設置し、大企業で働く優秀な人材を地方の中小企業に送り込む事業をはじめている。また、2018年には金融庁も規制緩和を行い、人材紹介業務を地域金融機関の付随業務に位置づけ、大企業の経験者や専門性の高いプロ人材を派遣する橋渡しを行えるようにした。中小製造業ではワーカーはもちろんだが、管理職層でも慢性的に人手不足が生じている。こうした問題を解決するため、これまでのハローワークとは別に、細かなマッチングが行えるように動き出した。

(26) 日本経済新聞（2018年11月24日朝刊）

(27) 京都試作ネットに関しては、池田（2012）、池田（2019）、平野（2017）を参照のこと。

(28) この項は、鈴木三郎氏への2018年11月5日のヒアリングに基づく。

(29) 最上インクスではこの「経済の森構想」を打ち出してから、㈱島津製作所のOBが同社に入って指導を行うようになっている。

(30) これに関する詳細は、池田（2019）を参照のこと。

【参考文献】

天野倫文（2005）『東アジアの国際分業と日本企業－新たな成長企業への展望』有斐閣。

池田潔（2012）『現代中小企業の自律化と競争戦略』ミネルヴァ書房。

池田潔（2019）「経営戦略論から見た中小企業ネットワークの成果と課題－サステナブル組織の形成に向けて」『谷岡学園創立90周年、大阪商業大学70周年記念号』第15巻第1号（通号191・192号合併号）。

伊丹敬之＋伊丹研究室（2004）『空洞化はまだ起きていない』NTT出版。

NHK スペシャル（2010）「灼熱のアジア　第 1 回タイ“脱日入亜”日本企業の試練」（2010 年 8 月 22 日放送）。

川上義明（2004）「経済のグローバル化と中小企業に関する一考察 −『中小グローバル企業』という概念は定立し得るか」『福岡大学商学論叢』第 49 巻　第 1 号。

兼村智也（2016）「地域中小企業の海外事業が国内事業の拡大・縮小を決める要因」『日本中小企業学会論集第 35 巻』同友館。

丹下英明（2015）「中小企業の海外進出にみる変化 − 直接投資を中心に」『日本政策金融公庫論集』第 29 号。

中小企業センター（2011）「中小企業の海外展開 − 新世代グローバル企業の研究 −」調査研究報告　No.125。

中小企業庁（2006）『中小企業白書 2006 年版』ぎょうせい。

中小企業庁（2018）『中小企業白書 2018 年版』日経印刷株式会社。

戸堂康之（2011）『日本経済の底力 − 臥龍が目覚めるとき』中公新書。

戸堂康之（2012）「地域の経済成長と中小企業のグローバル化」城陽地域研究センター『Joyo ARC』第 44 巻。

中沢孝夫（2012）『グローバル化と中小企業』筑摩書房。

浜松翔平（2013）「海外展開が国内拠点に与える触媒的効果 − 諏訪地域海外展開中小企業の国内競争力強化の一要因 −」『日本中小企業学会論集第 32 巻』とする第 32 巻同友館。

平野哲也（2017）「中小企業のネットワーク組織における企業発展と学びのシステム − 京都試作ネットのケース」関智宏・中山健編著『21 世紀中小企業のネットワーク組織』同友館。

藤井辰紀（2014）「中小企業の海外直接投資が国内事業に影響を及ぼすメカニズム」『日本中小企業学会論集第 33 巻』同友館。

日本経済新聞（2018 年 11 月 24 日朝刊）。

黄完晟編著（2016）『東アジアにおける中小企業のグローバル展開』九州大学出版会。

松永宣明（1996）「日本産業の空洞化と中小企業」商工総合研究所『商工金融』第 46 巻第 6 号。

守屋仁視（2014）「『中小企業白書』に見る海外進出する中小製造業の業績向上要因」『商大ビジネスレビュー』第 4 巻第 1 号。

山藤竜太郎（2014）「海外事業と国内事業の両立可能性 − ブーメラン効果に注目して」『日本中小企業学会論集第 33 巻』同友館。

渡辺幸男（1996）「産業空洞化と中小企業 − 事例を中心に見た機械工業における構造変化の内容」商工総合研究所『商工金融』第 46 巻第 8 号。

尼崎地域産業活性化機構　シリーズ「地域と産業」講演会　村元四郎「グローバルオンリーワン企業への挑戦」（http://www.ama-in.or.jp/research/sub05.html）（閲覧日：2018 年 8 月 1 日）。

国際協力銀行「JBIC　TODAY　AUGUST」（https://www.jbic.go.jp/wp-content/uploads/page/2013/08/13853/smes_200608.pdf#search=%27%）（閲覧日：2018 年 8 月 1 日）。

MACHICOCO ホームページ（https://machicoco.co.jp/）（閲覧日：2019 年 7 月 19 日）。
村元工作所ホームページ（https://www.muramoto.com/jp）（閲覧日：2018 年 11 月 14 日）。

第8章

中小企業の国際化と
中国市場での戦略的課題

太田一樹

1. はじめに

　国際化の進展により、大企業だけでなく中小企業も海外展開の取り組みが喫緊の課題となっている。むろん、海外市場ではなく国内市場に特化した事業展開をするのも一つの選択肢である。ただ、製品やサービス、情報などが国境を越え行き交う現状では、国内市場に特化するにしても国際化の影響は免れない。本章では、広義の国際化の一つである海外展開について検討していく。海外展開の定義であるが、「直接輸出や間接輸出、海外直接投資、技術供与、生産委託など何らかの形で自社がかかわる製品やサービスを海外に提供するための取り組み」（丹下（2016）、p.3）と定義し議論を展開している文献もあるが、さらに焦点を明確にするために主に海外直接投資を対象とする。地域としては今なお大きな成長市場として注目されるアジア地域、特に中国市場を取上げ日本企業の実態と戦略的課題について検討する。国際経営に関する優れた研究は数多いが、丹下（2016）や山本（2015）などが指摘するように、中小企業を対象とした研究はそれほど多くない。そこで本章では、先行研究を含め中国市場の位置づけや日本企業の現況を概観した後に、中小企業の実態を分析し成功要因を抽出するために事例研究を行う。これらを踏まえ、中国市場で業績を高めている中小企業の特徴を整理するとともに海外展開を含む国際化についての戦略課題についてまとめる。最後に本研究の意義と研究課題について提起する。

2. 中小企業の海外展開の現状と課題

　中小企業の海外展開について簡単に概観しておこう。

（1）海外子会社の保有数の推移と地域
　中小企業で海外子会社等（子会社、関連会社または事業所）を所有する中小

企業（法人企業）の割合はほぼ 1.0% である [1]（平成 30 年中小企業実態基本調
査（速報）、**図表 8-1**）。業種別にみると、2017 年度で製造業が 2.9%、卸売業
が 2.1% と他業種に比べて所有割合が高い。また、狭義のサービス業（卸売業
や小売業を除く）の海外子会社等の保有割合は低い。海外子会社等の所在地を
地域別にみるとアジアが最も多く、子会社で 78.6%、関連会社で 79.9%、事業
所で 78.5% を占めている（**図表 8-2**）。アジアと中国（香港含む）にある子会
社数の割合（子会社数÷全体の子会社数）をみると、アジアでの保有割合が
81.9%、中国でのそれが 43.4% であり、北米（8.9%）やヨーロッパ（4.8%）
を大きく上回っている（2016 年度）。業種別にみると、製造業ではアジア
87.2%、中国 46.0%、卸売業ではアジア 79.1%、中国 49.0%、生活関連サービ
ス業ではアジア 49.4%、中国 13.9% である。製造業と卸売業では、中国の割合
が北米とヨーロッパの合計（製造業 11.6%、卸売業 19.2%）よりもかなり高く、
中小企業は中国に多くの子会社を保有し海外展開していることが理解できる。
他方、生活関連サービス業では中国よりも北米の割合（32.9%）が高く、製造
業に比べて中国での事業展開はそれほど進展していないことがうかがえる。

図表 8-1　中小企業（法人企業）の海外子会社等の所有割合

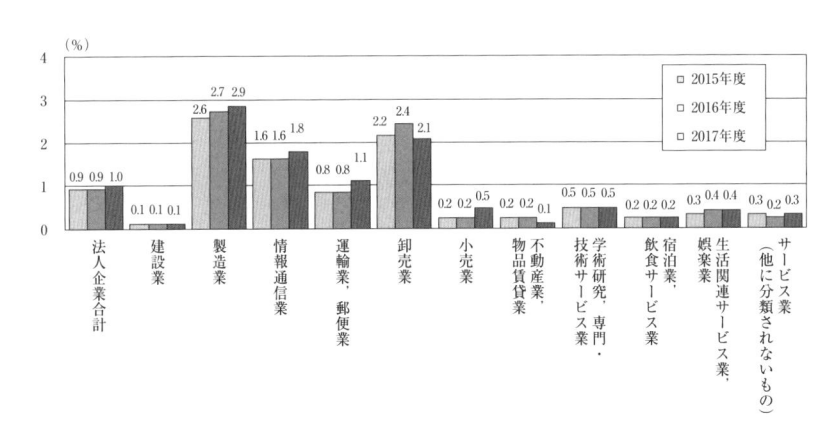

出所：『平成 30 年中小企業実態基本調査（速報）』、p.9。

図表 8-2　中小企業（法人企業）の海外子会社等の地域別割合

		アジア	ヨーロッパ	北米	その他の地域
子会社	2015年度	83.2	2.8	8.3	5.7
	2016年度	81.7	5.0	9.0	4.4
	2017年度	78.6	3.5	9.8	8.0
関連会社	2015年度	86.1	5.6	5.1	3.3
	2016年度	83.8	1.4	10.8	4.0
	2017年度	79.9	3.7	11.7	4.7
事業所	2015年度	80.9	4.9	7.8	6.5
	2016年度	82.3	7.1	8.3	2.3
	2017年度	78.5	10.9	8.4	2.2

出所：『平成30年中小企業実態基本調査（速報）』、p.9。

（2）中国における経営実態と課題

　中国における日本企業の経営実態と課題について簡単に紹介しておこう。日本貿易振興機構（2018）からみると、今後1～2年の中国市場における事業展開の方向では、「拡大」が48.7％、「現状維持」が44.8％であり、「縮小」（5.1％）と「第三国へ移転・撤退」（1.5％）は少ない（p.18）。中国での事業「拡大」意向は、2011年の66.1％をピークに2015年には38.1％と低下していたが、それ以降上昇に転じている（p.20）。事業縮小や撤退の理由としては、「コストの増加（調達コスト、人件費など）」（18年調査41.7％、17年調査48.2％）、「現地市場での売上げの減少」（18年調査37.5％、17年調査なし）、「労働確保の難しさ」（18年調査31.3％、17年調査14.8％）などである（p.28）。

　今後中国で拡大する機能では（回答者割合）、「販売機能」がインドに次いで2位の59.5％、「生産機能（高付加価値品）」がタイに次いで2位の37.4％、「生産機能（汎用品）」では最下位の25.4％である（**図表8-3**）。このように中国市場では販売機能を拡大するとの企業がほぼ6割で、生産機能、特に汎用品を生産する場として位置づける企業は4分の1ほどである。生産機能についてはベトナムやインドネシアなどASEANに移転しつつあるものと推察される

（p.26）。中国市場における日本企業の黒字企業の割合であるが、2015年の6割から上昇し2018年では7割を超えている（p.13）。

図表 8-3 販売機能や生産機能の拡大意向の推移

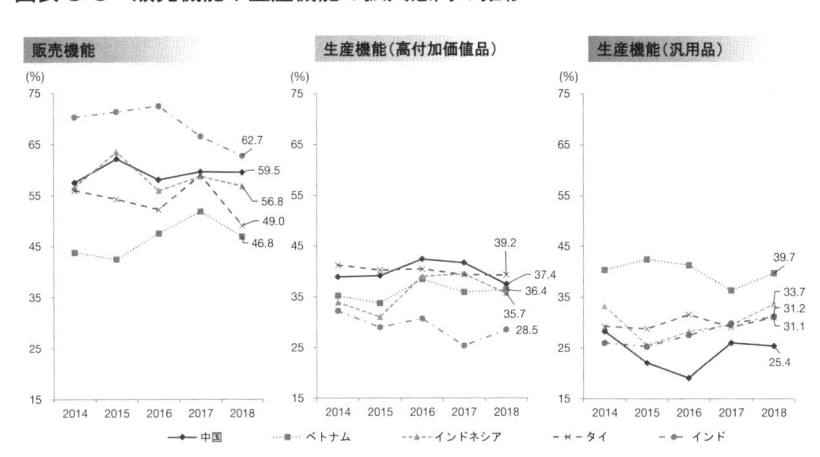

出所：日本貿易振興機構（2018）、p.26。

中国市場における経営上の問題点としては、「従業員の賃金上昇」（18年調査75.7％、17年調査75.3％）、「調達コストの上昇」（18年調査53.5％、17年調査50.2％）、「競合相手の台頭（コスト面での競合）」（18年調査51.7％、17年調査55.0％）などである。なお、他のアジア・オセアニア地域の国と比較してみると、「品質管理の難しさ」「原材料・部品の現地調達の難しさ」では、インド、インドネシア、ベトナム、タイがいずれも中国を上回っている（p.37）。他国に比べ中国におけるモノづくりの優位性の一側面がみられる。

3. 先行研究のレビュー

国際経営や日本企業の海外展開に関する研究を検討すると国内だけでも数多

くの優れた研究が蓄積されている。以下、紙幅の関係で本章の議論と関連する
先行研究を中心に簡単に紹介しておく。

（1）中国市場における日本企業の研究

　中国市場における日本企業の進出の推移や経営の現状、今後の課題などについて公的機関が調査分析した報告書としては日本貿易振興機構や日本貿易振興機構・上海などが有名である。また、アンケートや現地調査を踏まえながら研究したものに太田（2008、2011、2012、2014、2017）、太田・唐（2012）、太田・越村（2017）などが、サービス業の海外展開プロセスに焦点をあて理論の適応性を検討したものに太田（2019）がある。最近の中国へ進出した日本企業の雇用や労働の問題を分析した調査研究として労働政策研究機構・研修機構(2017)がある。同書は、今まで実施した調査研究のまとめの位置づけであり興味深い分析がなされている。日系企業を巡る変化として、①日本からの派遣社員が大幅に減少し優秀な上級管理職候補としてのローカル人材を育成する必要のあること、②相対的に日系企業の給与水準が低下し一時の優位性はなく、勤務先の選択肢として中国の最も優秀な層は国家官僚、次に欧米系企業や力のあるローカル企業、そして三番目に日系企業でという見解のあること、③中国では中間階層が徐々に育っていることから単に労働供給の源でなく消費市場としての姿に変貌しつつあること、などが指摘される（pp.52-56）。さらに、中国進出から40年を迎えた現在「ヒトの現地化」だけでなく「経営の現地化」が必要であり、オペレーションを「進出先に適したモデルに組み替えていくこと」、つまり経営理念やオペレーションの方針、それらを統合した経営が動く仕組みを「他でも理解できるように転換する」ことが重要となる（pp.72-73）。これまでの日本企業の現地化は「日本流のやり方そのままで海外に進出していく」という事業活動の機能の一部を移管する方式なので、子会社を「現地で自立させ進化させていく」という発想・マインドがなかったと現地化の課題が提起される（p.63）。

（2）中小企業に関する研究

　中小企業の国際展開を体系的に分析した優れた研究として丹下（2016）があ
る。筆者の関心の範囲でいくつかの結論を紹介しておくと、中小企業が直接投
資において発展する条件として、①フィージビリティ・スタディ（F／S）を
実施すること、②海外事業変革への取り組みとして現地市場開拓に取り組み、
場合によっては拠点からの戦略的撤退も検討すること、③現地市場開拓におい
ては海外企業の活用も検討すること、④海外展開する中小企業には新たな経営
能力の構築が必要であり、特に、生産目的よりも販売目的の企業の方が海外企
業との連携が相対的に強くなることなどを指摘している。また経営者が率先し
て海外事業の取り組みを考えることが重要だと主張する（pp.230-237）。

　山口（2014）では、公的統計を用いて日本の中小企業の海外事業の進展度や
海外での生産や販売活動の状況や課題について分析している。それらの分析を
踏まえて「ウプサラ・モデル」（国際化は間接輸出、直接輸出、海外販売子会
社設立、海外生産、研究開発活動の移転というように一連の段階を経て漸進的
に進展するというモデル）が想定するような国際化のステップを踏まない現象
の一部が日本の中小企業にも起こっており、それは従来の国際化の理論で想定
されているよりもスピード感を持って事業展開が進められているからだと指摘
する（p.40）。

　山本（2015）では、中小企業の国際化プロセスを探究するために国際的アン
トレプレナーシップ研究で注目されるいくつかの概念を国内中小企業の事例と
照合しながら検討する。そして、国内中小企業の国際化プロセスにも国際的ア
ントレプレナーシップが介在していることを主張する（p.19）。企業は企業家
志向性（EO）を駆動力としながら新たな事業機会を発見・評価・活用するこ
とで成長するが、その事業機会を国内でなく海外の市場に移行した場合には国
際的アントレプレナーシップ（IEO）と呼称されるのだと説明する（p.13）。ま
た、日本では中小企業の国際化プロセスを分析対象とした理論的研究は非常に
少なく、国際的アントレプレナーシップ研究と関連させた研究はさらに少な
い。日本的特徴を明らかにするためにもこの分野の定量的・定性的研究を進め

ることが大切であるとする。

4. 事例研究

　文献調査や事例研究を行いながら関心の高い企業に対しては筆者らが現地に
出向きインタビュー調査を行っている。紙幅の関係で業種の異なる4社だけを
紹介しておく[2]。

（1）A社（樹脂開発製造業）

①会社概要

　日本本社は大阪府にあり、創業は1950年代後半、資本金9,500万円の研究
開発型企業である。電気・電子材料分野や半導体・LED材料分野など各分野
に特化した樹脂開発（エポキシ樹脂・ウレタン樹脂等）を行っている。中国や
韓国、台湾、マレーシアに生産拠点を持つなどアジア全体に海外展開している
企業で、2014年には「グローバルニッチトップ企業100選」（経済産業省）に
選定されている。

②海外展開の経緯と現況

　1974年に台湾の企業と技術提携し本格的に海外展開を開始し、2003年に中
国・上海に100%出資の海外拠点（現地法人）を設立している。中国のそれは
日本本社の製造拠点として進出し、販売先は主に日本本社の顧客である日系企
業である。今後、日系需要の拡大はあまり見込めないので中国企業を積極的に
開拓していくとのことである。

③組織と人材育成

　従業員は33名で、その内日本人は総経理など3名在籍している。董事長は
日本本社の社長が兼任している。生産と管理の部門の管理職は現地人材を登用
している。現場職（ワーカー）の人材を管理職に昇進させるなど、全てを現地
人材に任せる完全現地化を目指している。その達成には、日本本社と子会社と

の意思疎通や相互理解を高めていくことが重要なので、先ずはその手段して現地人材の日本語の習得が効果的であると考えている。そこで日本語 2 級取得者に手当てを創設したところ、給与が数割増えることも相まってモチベーションアップにつながっている。

④研究開発の現地化と課題

　日本本社は従業員 150 名の内、40 人から 50 人が研究開発職という研究開発重視の企業である。中国においても市場の厳しい要求に対応するには R&D 機能の強化が重要なために、3 年前に上海拠点に R&D 部門を設置した。全従業員 33 名の内研究員として 6 名の大学新卒者を採用している。過剰品質となっている日本設計をローカルの要求に応じつつ、現地材料を使うなどローカライズするための材料や加工、製品設計の研究をしている。少しずつであるが成果があがっている。現地調達率も高める予定である（情報漏えい防止のため、添加剤などのコア技術は日本から輸入してブラックボックス化している）。将来的には、グループの R&D センターとして位置付け、日本と中国の研究職同士が連携する関係を創りながら日本からの基礎研究を受託できるように人材を確保・育成している。直接的な交流も大切なので研究職全員を日本に派遣している。中国ではそれほど高くない人件費で優秀な人材を確保できるので、日本のトップクラス大学に匹敵するほどの優秀な研究職人材を中国で採用できているとのことである。

⑤営業活動と現地化対応

　これまで営業は日本人 1 人だけだったが、現地の中国企業を開拓するために3 年前から営業職の現地人材を採用し、営業活動に加え展示会出展や Web サイトでの情報発信を強化している。資金回収など日本とは異なる商習慣に対応するのは日本人では難しいため、中国人から帰化した日本人がマネジメントを担当している。中国では現地の取引企業の要求や競合企業の技術力も向上しており、現地の材料メーカーに同社の要望を納得させるための交渉力や技術指導力が必要となっている。またコスト競争に勝つには少々材料に問題があっても現地の材料を使い、きちんとした製品を開発・生産できる能力が必要となる。

現地企業の材料を使用することの意義を理解してもらうために日本本社の設計担当者を中国に呼び寄せ、現場・現品・現実を見せながら説得して日本本社の承認をとるようにしている。

（2）Ｂ社（リキュール類の製造・販売）

①会社概要

リキュール類の製造・販売をしている大阪本社の企業である。長い歴史を持つ企業であり、中国だけでなく、欧米の各国、東南アジアでも販売している。中国では 1997 年に法人設立している。従業員は本社 150 名程度、中国拠点で 70 名程度である。

②市場開拓の経緯

中国では梅は古くから慣れ親しまれた食材でさまざまな加工食品が商品化されているが、梅の入った酒は存在しなかったので潜在需要を見込んで進出が検討された。1995 年に中国市場の消費者ニーズや関連事業者の調査を実施した後に、梅酒製造のための研究所を中国に設置し工場を 2000 年から稼動している。総経理だけが日本人で残りは現地人材（営業 5 人、事務 10 人、工場 50 人）である。

中国での売上高は、工場を増設した 2007 年ごろから 2 割から 4 割ぐらいの伸びを続けている。小売価格は関税などもあり日本よりも高く設定されている。地域別でみると、上海での伸びが最も大きいが他の 1 級都市では 1 割強の売上増とのことである。しかし、内陸部では伸び悩む地域が多く、その原因として内陸部に行くほど独自の食文化が根強く新しい食材が受け入れられ難いからだと分析している。販売先は、日本と同様に、飲食店と小売店であるがインターネット販売も行っている。中国のスーパーやコンビニエンスストアなどの地元小売店では棚に置いてもらうために多額の入店料が必要であるが、最近では日系企業でも徴収するようになってきている。日本料理店の出店の伸びと売上げの伸びはほぼ比例しており、また少家族化で外食機会が増えているので環境としては追い風である。しかし中国で売上増を図るには地元の飲食店との取

引を拡大しなければならないが、多額のメニュー掲載料の支払いが店舗数拡大における大きな悩みとなっている。健康ブームの追い風で注目されている商品の一つなので、先ずは商品の特徴を知ってもらうために店頭や催事、展示会などでの試飲を促進し、日本料理店での露出度を高めるなどの販売促進活動を地道に進めているとのことである。

③現地での調達

　工場は中国以外にドイツ、アメリカ、ポーランドにもあるが、梅が採れるのは中国だけなので、日本同様に漬込み工程から製造しているのは中国だけである。商品のコンセプトや生産方法は原則日本と同様で現地向けにローカライズはしていない。原材料は現地調達して現地工場で生産している。

④日本人駐在員の能力

　インタビューに応えてくれたS氏は責任者としてトップマネジメントを行っている。赴任前は国内営業を担当していたが、半年先に上海へ出向き総経理助理として実質的に中国法人の経営を担当してもらいたいとの要請があった。一般論として日本人駐在員は人数も少なく、幅広い業務を担当し、重要な意思決定が求められることも多く経営全般を理解することが必要であり、かつ現地人材とのコミュニケーション能力（語学能力を含む）も要求される。中国各地で駐在員向けセミナーが開催されてはいるものの、予め日本で駐在員に必要な勉強をしてくることが望ましいと、アドバイスをする。

⑤人材の現地化

　現地市場の開拓のためには、営業トップは現地語で直接交渉できる現地人材が必要であるという。B社では、優秀な中国人女性が営業の管理者として育っている。一般的に、現地人材の特徴として企業への貢献度も高いが個人の報酬に対する執着心も高いといわれる。特に営業職の場合、日本に比べ、現地では歩合給（インセンティブ）のウェイトを高くした賃金体系を採用する企業が多くモチベーションを高めるのに効果的である。しかし、逆に管理者に昇格させてマネジメント業務を担当させる場合、給料が減ることを懸念して昇格を躊躇する人材も多いと聞く。営業という職種特性にも配慮した国や地域に適した人

的資源管理の設計が必要とされている。

（3）C社（各種マニュアルや大型カタログの作成システム構築・運用など）

①会社概要

　1965年に設立され各種マニュアルや大型（多頁）カタログの作成システム構築・運用、翻訳ローカライゼーションなどを手掛ける資本金2,000万円の大阪本社の企業である。従業員数はグループ全体で約390名（日本150名・中国200名・タイ40名ほど）でアジア展開を積極的に進めている。また、外国人を積極的に雇用・育成しており、日本本社の正社員数のおよそ2割弱が中国人や韓国人、欧米人などの外国人である。同じ能力であれば日本人よりも外国人を採用するというのが現社長の考え方である。人事上の区別はなく、長期雇用は保証するが年功序列の人事制度は採用していない。

②海外展開の経緯と現況

　当時は国内のみを対象とした印刷専業であったが、20数年前の印刷業界はデジタル化などの影響から業界は大きな転機を迎えており、当時の社長（現会長）は、海外展開を検討していた。大阪の大学に在学し本社でアルバイトをしていたT氏（現在の中国法人の総経理）に対して、正規入社して海外展開を支援してほしいと声をかけた。T氏は入社した数年後に、上海で設立した現地法人（1999年設立）に駐在することになった。海外進出直前の主要取引先は2社であったが、中国（特に華東地域）市場での販路開拓に成功し、現在では日系の大手企業を中心に110社以上の取引先を確保しており、この取引が国内本社の販路開拓にもつながっている。

③本社と現地法人との関係

　上海の現地法人の経営は総経理であるT氏にほぼ権限移譲されており、人事制度も年功賃金をベースとする本社と異なり、個人評価を反映した能力給となっている。こうした大幅な権限移譲が可能となったのは、本社と子会社間で企業理念やビジョンが共有され、信頼関係が構築されているためである。その背景には、アルバイト当時から経営理念やオペレーションの仕組みなどを会長

はＴ氏に直接的に OJT で指導していたことにある。Ｔ氏は、「どんな好条件で
ヘッドハンティングの話が来ても、自分は会長に共感しその意志を継いでいる
ので会社を辞めることはない」と語る。多くの日系企業の場合、駐在員は少数
で多数の現地人材を管理している。そのため駐在員には本社と現地をつなぐブ
リッジ人材としての役割が求められる。その人材として外国人留学生を本社で
採用・育成し現地に派遣する同社の事例は他社にとっても参考になる。

④海外展開と外国籍人材の採用

　優秀な人材確保と言語や異文化知識を企業として学習するために外国籍人材
を積極的に採用している。同社の場合、各種業界向けのカタログ製作を主な事
業としているため多言語のネイティブ人材を活用したいという思いは持ってい
た。日本語や英語という日本人でも対応できた取引先の要望が、20 年ほど前
から中国語を始め多様な言語に対応していく必要性が生まれ、かつ言語だけで
はなくディレクターやエディターとしての能力も求められてきた。このような
優秀な人材を確保するために外国人材の採用に目を向け始めたところ、中小企
業でも外国籍の優秀な人材を採用できることに気付いたという。外国人材の勤
続年数は、Ｔ氏の 20 年以上を筆頭に 10 年以上の人材も数名いる。外国人材の
雇用の問題として、一般的には、日本企業では外国人は出世できないという「ガ
ラスの壁」がモチベーションを下げているとか、日本の職場では外国人への対
応が不慣れであるといった指摘がある。しかし、同社ではＴ氏が日本本社役
員でかつ現地法人の総経理として活躍していることが外国人にも日本人にも好
影響を与えていると社長は評価している。また、日本本社の人事制度は 10 数
年前に、国籍での区別は一切せずに実績を重視するために年功序列から成果主
義の制度へと移行している。外国人材を意識して移行したものではないが結果
的に外国人材に受け入れやすい体制となっている。さらに国籍での従業員の区
別は一切せず（優遇も冷遇もしない）、政治・宗教・民族などの優劣を議論す
ることも禁止しており、社員旅行や海外出張などを工夫して積極的に異文化交
流の機会を確保している。

（4）D社（菓子製造小売）

①会社概要

　全国の有名百貨店で洋・和菓子、氷菓を商品展開する大阪の菓子製造小売業である。従業員数は約600名である。創業十数年の企業であるが、主力商品は全国的に認知され、急成長を果たしている企業である。日本国内に20数店舗、海外には2010年に上海に海外1号店を出店後、香港や韓国にも出店している。

②海外展開の経緯

　上海の金融街を代表する有名なオフィスビルに、世界の旗艦店（Flagship shop）として海外第1号店を出店している。このビルは世界のグローバル企業が入居するステータスの高いオフィスビルであり、多様な国籍の人々が1万人ぐらい勤務している。

　この店舗を2014年にリニューアルしてサロンコーナーを設置している。スワロフスキーのシャンデリアや日本から持ち込んだ家具類、床は総大理石と多額の投資により豪華な空間を演出している。同店の商品は、日本よりも2割から3割ぐらい高い価格に設定されている。一等地に魅力的な店舗を構え、価値ある高価な商品を展示販売することで話題を創出し、それが人々の憧れまで昇華する。こうした好循環をマネジメントすることで高級ブランドとしてのポジションを確立していくという戦略である。そのために旗艦店を訪れた顧客を魅了するだけの空間を十分に演出している。ただし当初は集客に苦労したという。ビル内の勤務者が来店してくれる方法に悩んだ末に、顧客ではなく友達なら来てくれるかもしれないと考え、全く知らない人に挨拶や握手、話しかけなどをして友達づくりから始めたという。それが顧客の増加につながったと責任者は述懐している。

③商品の現地化について

　品揃えについては、8割は日本と同じで2割はこちらの特産など独自の商品を揃えている。また日本と同様の味覚にするために味のローカライズは意識していない。しかし一部輸入できない材料を現地調達していること、レシピは日本と同じでも最後の味の調整は中国人スタッフが行うので微妙に中国人になじ

んだ味になっている可能性はあるとのことだ。ただし日本人シェフが定期的に現地で指導し日本本社の経営者層による味のチェックもあるのでケーキの味や材料などの品質は日本とかけ離れることはない。商品企画は国内外ともに社長が担当しているが、日本で売れ行きが芳しくなかった商品が中国でヒットしたり、中国国内でも大福もちの例のように他都市では芳しくなくても南京ではヒットしたりするなど地域による嗜好の違いもみられる。なお、上海では地元業者に委託してデリバリーを行っている。

④人材の現地化

現在、管理者にも中国人を登用しており中国人のトップは副総経理である。人材育成では苦労した。創業時からのコンセプトを従業員に浸透させるために独自に作成したクレド・カード（企業が重視する理念や価値観、行動規範などを簡潔に記載したカード）を各自に持参させているが、当初クレドはほとんど受け入れられなかった。現場の課題を一緒に解決するなど日本人総経理と従業員との信頼関係づくりに2～3年を費やした後、やっと理念が浸透してきたとのことである。いったん仲間になると結束力は中国の方が強いように感じているという。現在、日本人駐在員は総経理一人だけであるが、今後も日本人駐在員を皆無にすることはないという。総経理は中国人の可能性もあるが、食品という性格上、工場と総経理をサポートする人間として日本人が必要だと判断しているからである。人的資源管理として中国独自の制度を導入している。それは、罰金制度とインセンティブ制度（同職種でも7倍の格差が開く）であり効果を発揮している。また、日本本社の社長が2ヶ月に1回ほど上海の店舗に来てコミュニケーションを図っており従業員のモチベーションは向上している。これらの努力が功を奏し当初は高かった離職率もここ1～2年は安定してきている。

5. 本研究の意義と課題

　本章のむすびとして、中国市場で業績を高めている中小企業の特徴を整理した後に、海外展開を含む国際化における中小企業の戦略課題について検討する。そして最後に意義と研究課題について提起しておく。

（1）事例研究からの示唆

　上述した4社の企業事例も含め筆者がインタビュー調査した結果から、中国における中小企業の経営特徴や成功要因のポイントについて整理しておこう。

　①D社のような菓子製造小売業だけでなく現地市場の開拓に積極的な企業が増加している。従来の販売先としては日本への輸出や現地日系企業、また消費者向け商品では日系駐在員などを対象としてきたが、現在では中国企業や現地生活者へとターゲットを拡大する動きが多くみられる。

　②製品・サービスの現地化（ローカライズ）は重要であるが、生産財と消費財では内容が異なる。生産財市場では現地企業の技術力向上と欧米企業との競合も相まって経営環境は厳しくなってきている。そのために現地企業との取引拡大を企図するところが多いが、価格競争力を高めるためには製品仕様や調達方法を見直した製品設計力が求められる。A社のように中国でのR&Dを強める企業がある一方、部品の内製化で対応する企業もみられる。他方、消費財市場をみると、中間層が拡大する傾向にあり高付加価値な市場が台頭してきている。それに対応して、B社やD社のように高品質という日本ブランドを活かした事業を拡大する企業もみられる。中小企業が顧客ターゲットを定めたマーケティングを展開すれば事業機会の拡大につながる可能性は高い。

　③事例でもみられるように、現地人材を経営者や管理者へと育成するためにさまざまな取り組みが行われている。現地化を重視する企業では、管理者や経営者に現地人材を登用する傾向がみられる。特に中国市場を販売の場として注力していく意向の強い企業ほどその傾向が強い。設立当初から海外展開を念頭

に置いている企業では予め日本本社でオペレーションの知識だけでなく経営理念をもじっくりと OJT で教え込んで、現地の責任者に就任させる C 社のような企業もみられる。他方、現地では有名大学の卒業生を確保できるなど日本国内より高学歴で優秀な人材を獲得できることを評価する企業もみられる。

　④現地に適した人材育成の工夫が大事である。一部の企業では日本本社で実施している日本的経営を中国子会社にも導入している例（経営者と従業員の意思疎通が円滑な企業に多い）もあるが、多くの企業は日本とは異なる現地環境に適した人的資源管理を導入している。

（2）中小企業の海外展開における戦略的課題

　海外展開を含む国際化の状況を踏まえ、今後の中小企業の戦略的課題について 4 点だけ提起しておく。

　①国際化の進展に伴い経営環境は大きく変化しつつある。このことは、中小企業にとってチャンスでもありリスクでもある。海外展開だけが成長のための選択肢ではないが、海外展開は日本本社にも好影響のあることが白書等で指摘されている。しかし、中小企業の 8 割（80.3％）が「海外展開投資は重要ではない」との調査結果もあり（中小企業白書（2016）、p.182）、産業競争力向上の観点からも大きな政策課題である。

　②中小企業においても「外なる国際化」（海外展開など）と「内なる国際化」（日本本社の国際化など）に取り組んでいく必要性は高まりつつある。「内なる国際化」への取り組みは多様な人材を採用し育成するというダイバシティの経営の観点からも大切である。過去の日本的経営の長所・短所を活かした C 社のような取り組みも参考となろう。

　③中国などアジアでは原材料費や人件費、諸費用が高騰している反面、国民所得の増大に伴い購買力のある中間層が多数台頭してきている。そのため「生産・加工の場」から「販売の場」へと位置づけ市場開拓のためのマーケティングに取り組んでいる好成績の企業が多くみられる。販売の場として機能させるには一層の経営の現地化が必要となる。労働政策研究機構・研修機構（2017）

160

が指摘するような海外拠点を「現地で自立させ進化させていく」ための取り組みが大切になる。

④サービス分野でも海外展開する日本企業が増加しているが、過去のように日系需要を求めるのではなく現地需要を獲得するような、つまり真の海外需要を求めての海外進出が増えており（伊丹ら（2017））、中小企業にとってもビジネスチャンスとなっている。モノとは異なるサービスの特性から、「コンセプトの力」や「経営理念の伝道」が大切だと指摘されるが、菓子製造小売業のD社だけでなくB社やC社の事例からもその重要性がうかがえる[3]。サービス業だけでなく食品、飲料、出版なども国の文化的隔たりが大きい産業（一條ら（2017））なので、それを架橋する工夫として製品コンセプトの一貫性の維持、そのコンセプトを具現化し伝播させるための理念の伝道師の存在が大切なのかもしれない。

（3）本研究の意義と課題

いくつかの実践的インプリケーションを導出してきたが、最後に理論的意義と今後の研究課題について3点だけ指摘しておきたい。

①C社やD社の事例からも示唆されるが、山本（2015）が指摘するように、中小企業の国際化プロセスには国際的アントレプレナーシップが大きく影響している可能性がある。経営者の海外展開に対する強い想いが「外なる国際化」と「内なる国際化」のスピーディな取り組みにつながり大企業とは異なる国際化プロセスを展開させている可能性が高い。この点は大企業に比べ中小企業の強みでもあり、さらに研究を積み重ねることが必要である。

②海外展開において、生産と異なり販売の場として機能させるには国や文化圏ごとの異なるニーズや価値観に対応していくことが必要となる。さらに市場の成熟度に応じた戦略的取組みも要求される。現地市場にあったマーケティング（製品・サービスの創造と適応化など）や組織のあり方についてさらに詳細に探究していく必要がある。

③上記②と関連するが、海外拠点を「現地で自立させ進化させていく」こと

が戦略的課題である。しかし日本企業の場合、欧米企業と異なり、本社と派遣予定者が両者納得したうえで契約を結んで派遣する仕組みではなく、また「達成すべきミッションと、その達成度による赴任後のキャリアパス」が明確に与えられているケースは少ない（労働政策研究機構・研修機構（2017）、pp.73-74）。この状況にくわえ現地人材との間でコミュニケーション不足が生じている可能性が高い。他方、海外市場を販売の場とする企業においては経営理念の伝道とそれを具現化し伝播する人の役割がきわめて戦略的に重要となる業種もある。これらの矛盾が現地人材の経営や組織に対するコミットメントを低減させているのかもしれない。丹下（2016）は撤退しやすい企業条件の一つに日本本社の役員・従業員が現地の経営責任者であることを指摘している（pp.226-227）。大企業だけでなく中小企業も海外拠点のあり方が問われている。経営トップの役割、権限、責任、そして本社と海外拠点との関係を含めて現地化の研究をさらに深めていく必要がある。

　これらの研究課題を探究し、理論的・実践的意義の導出に留まらず、積極的に政策提言していくことが中小企業の国際化に関する研究の関心を高めていくことになる。

【注記】

(1) 海外子会社等の保有割合を調査し公表している公的機関の統計は数種類あるが、それぞれ調査対象やサンプル数が異なり、子会社の定義も異なっている場合が多い。『中小企業実態基本調査』では中小企業の定義に該当する規模の法人企業及び個人企業を対象に調査が実施されている。海外に保有する子会社等のタイプについては3つに分類されている。①「海外子会社」、②「海外関連会社」、③「海外事業所」である。ここではこれらを「海外子会社等」と総称する。なお、同書（平成23年・速報）で2008年、2009年、2010年における海外子会社等の保有割合の推移をみると、中小企業全体で0.9%、0.9%、1.0%、製造業で2.3%、2.4%、2.3%、卸売業で2.3%、2.3%、2.6%である。海外子会社等の地域別割合では、2008年（75.6%）、2009年（76.9%）、2010年（76.2%）とアジアが最も高い。

(2) 本事例は、筆者が中国の子会社等に直接訪問し董事長や総経理などの責任者からインタビュー調査を行いその結果を整理したものである。A社は2014年8月13日（上海）、B社は2014年8月13日（上海）、C社は2017年8月24日（上海）と

2017年11月22日（日本本社）、D社は2014年8月14日（上海）にインタビュー調査を行った。その後メール等で数回情報の確認や提供を受けている。なお、ここでは用語の混乱を避けるために、原則的に海外子会社等を「海外拠点」と称することにする。

(3) その他の事例として「日式百貨店」（日本式の百貨店）業態の定着のために日本から派遣された教育訓練の専門家によりコンセプトの具現化のためのOJTによる現地従業員への理念の浸透が図られていた（2018年8月24日に上海でインタビュー調査）。

【参考文献】

伊丹敬之・高橋克徳・西野和美・藤原雅俊・岸本太一（2017）『サービスイノベーションの海外展開』東洋経済新報社。

一條和生・野村総合研究所グローバルマネジメント研究チーム編（2017）『グローバル・ビジネス・マネジメント―経営進化に向けた日本企業への処方箋』中央経済社。

太田一樹（2012）「中小企業の国際化とアジア新興市場への対応」『中小企業季報』（2012 No3）。

太田一樹（2014）「日本企業の国際化とマーケティング課題」佐竹隆幸編著『現代中小企業の海外事業展開』ミネルヴァ書房。

太田一樹（2017）「アジア市場における日本の中小企業の戦略的課題」『経営経済』第52号。

太田一樹（2019）「サービス業の海外展開プロセスに関するケース研究―海外展開に関する理論の適用と課題―」『大阪經大論集』第70巻第2号。

太田 一樹・越村惣次郎（2017）「中小企業の海外展開に関する研究―新たな現地化問題を中心に」『経営経済』第52号。

丹下英明著・日本政策金融公庫総合研究所編（2016）『中小企業の国際経営』同友館。

山口隆英（2014）「日本の中小企業による海外事業展開の課題」佐竹隆幸編著『現代中小企業の海外事業展開』ミネルヴァ書房。

山本聡（2015）「中小企業の国際化プロセスにおける国際的アントレプレナーシップ」『中小企業季報』（2015, No3）。

労働政策研究機構・研修機構（2017）『中国進出日系企業の研究』（JILPT資料シリーズNO.185）、（独法）労働政策研究機構・研修機構。

Ghemawat, Pankaj（2007）*Redefining Global Strategy*,Harvard Business School.（望月衛訳（2009）『コークの味は国ごとに違うべきか』文藝春秋）。

第9章

経済グローバル時代における
ASEAN 諸国の中小企業

前田啓一

1. はじめに

　1990 年代に入って以降、「新興アジア」への関心が急速に高まっている（末廣(2014)）。日本企業の進出先としても、それまでの多くが中国やタイに向かっていたのがいまやベトナム、インドネシア、カンボジア等々の ASEAN 域内の新興諸国にも振り向けられる動きが顕著となっている。

　このような趨勢については、2015 年に AEC（アセアン経済共同体）が発足し、地域経済統合体としての ASEAN がいっそうの深化、発展を目指していることもその背景として指摘できる。ただ、ASEAN 諸国の経済的発展については、経済統合の法制度面等の整備によるというよりも、実態としては当初の開発独裁的色彩を帯びつつも、ASEAN 各国の多くが外国資本導入を積極的に推し進めることで、そしてそれに基づく輸出志向工業化戦略をとってきたことによる市場環境的要因がきわめて大きい。外国の多国籍大企業による経済の従属的発展に甘んじてしまうのではとの危惧とは裏腹に、東南アジア諸国は「生産するアジア」から「消費するアジア」へと大きな変容を遂げた。

　ただ、ASEAN 各国においても貧富の差等の社会的格差の拡大傾向が目立ちつつある。また、各国では進出してきた外資系中小企業が積極的に事業を展開してはいるが、地場資本によるローカル中小企業・裾野産業の育成は依然として不十分で、このままでは ASEAN 各国経済の自立的な経済の発展軌道入りにはまだなお遠い道のりである。東南アジアで生産したものが、アメリカや日本ではなくて、東南アジアで消費されるに至る域内経済循環構造が確立してはじめて ASEAN 各国経済の自立的発展への展望が見えてくるのではないか。ASEAN 各国で地場資本中小企業が叢生し旺盛な企業活動が展開されるようなってはじめて経済の自律性が展望できるようになる。そのためにも、各国では自生的な地場資本中小企業とそれを担う起業家群の誕生が期待される。本章ではこのような問題意識にたって、以下の論述を進めていく。

2.　先行研究の整理

　本章の課題は、ASEAN 諸国全体の中小企業の動きを俯瞰するものではない。また、以下に述べるように、資本として一体化した ASEAN 中小企業といったものは存在しない。すでに半世紀以上が経過しているとはいえ、ASEAN が（政治）共同体を実現するにはまだなお道のりは遠い。加盟 10 カ国間における、域内先進国としてのシンガポールや ASEAN4（タイ、マレーシア、フィリピン、インドネシア）、そして後発国の CLMV（カンボジア、ラオス、ミャンマー、ベトナム）との経済格差はなお大きい。タイでは 1970 年代から、そしてベトナムやカンボジア、インドネシア等ではようやく 2000 年代になって日本など先進諸国からの直接投資流入が顕著な動きとなっている。これら国々のほとんどでは開発独裁の色彩を濃厚に帯びながらもいずれもが直接投資導入を契機とした輸出志向型経済発展の道を実現してきた。近年では ASEAN 経済統合の進展とインフラ整備等々により、それらが日本企業の事業展開に大きなビジネスチャンスをもたらすという論調からの著作が数多く見られるようになった。

　ここでは限定的ながらも、ASEAN 地域の中小企業を研究しようとするいくつかのアプローチを整理しておきたい。2013 年頃より顕著となった日本企業の進出先としての中国から ASEAN 諸国への分散化傾向、すなわち、チャイナ・プラス・ワンやタイ・プラス・ワン企業戦略については藤岡（2015）などが見られるほか、これまでのところ特筆できる文献としては石田・梅崎・山田（2017）がある。同書はフラグメンテーションの議論をベースとして企業の多国籍的な事業展開についてタイを中心に論じている。例えば、**図表 9-1** のように、横軸に距離が、縦軸に生産活動を企業内外で行うかの視点から、タイで事業を行う日系企業が生産工程の一部を CLMV に移管するメカニズムについて説明する。フラグメンテーション論からの説明は、物流コストや関税、そして貿易手続等に要する時間やコストをサービス・リンク・コストという概念を使い、空間経済学のアプローチを援用しつつ論じる。ただ、本章の問題意識との関連で

166

いえば、フラグメンテーション論が国際貿易の分析と国際生産分業との視点とが混じりあった多国間での企業の貿易活動と生産活動を都合よく論じるツールになってしまっていると述べざるを得ない。改めて強調するまでもなく、資本の国籍や生産国・輸出入国は急速に進むグローバリゼーションの下でほとんど多くの場合では異なる。なにより、生産のフラグメンテーションを貿易データを用いてしか解明できないという大きな制約があるし、また企業単位での実証が不足している。要するに、フラグメンテーション論は組立産業など多国籍的な事業活動を活発に行う大企業の貿易行動を分析する枠組みであり、生産ブロックにおける部品産業を含む中小企業それ自体を対象とする分析は論理構築の射程外にある。また、この議論では国境の意義を相対的に過小評価していると考えられる[1]。

図表 9-1　タイから CLMV 諸国へのフラグメンテーション

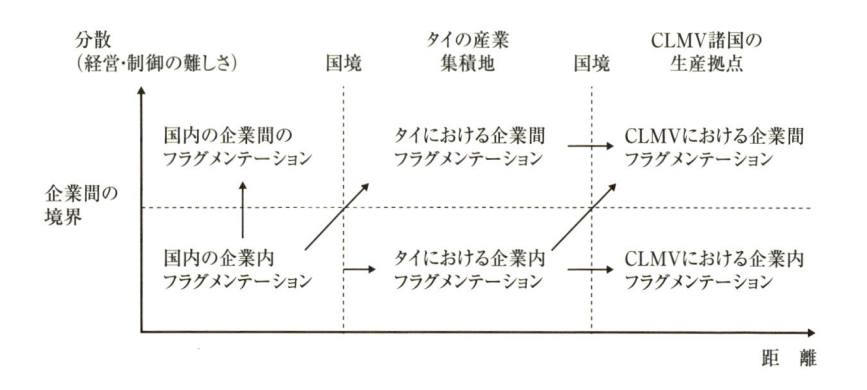

（出所）石田・梅崎・山田（2017）の p.10。

　これまでにもアジアの一国研究としては末廣昭によるタイの経済発展を扱う優れた研究が見られるものの（末廣（2000）（2014）など）、それは財閥や家族企業を専ら分析の対象とし、中小企業や裾野産業という視点からの研究ではない。現状では、ASEAN 地域における中小企業については、雁行形態論や蛙飛

び論（a leapfrogging-type development）などの開発経済論的枠組みをベース
にアジア経済研究、国際経済論等の研究分野において、さらには産業論、技術
移転論、イノベーション論、中小企業論等々のさまざまな立場からの断片的な
論述に留まり、そのほとんどが一国経済論あるいは特定産業研究に付随するも
のとしての位置付けに留まっている。例示的に示すと、自動車産業に関しては、
西村・小林（2016）が ASEAN 諸国自動車・部品産業の全体像をまとめている。
ただ、ここにあっても、組立産業の経営戦略に組み込まれた存在としての部品
産業としての分析である。東南アジアのオートバイ産業については、三嶋
（2010）がある。また、インドシナ半島での物流インフラの整備に伴い複数国
でのサプライチェーン（部品供給網）の一体化を展望する実証研究や、バンコ
ク周辺におけるタイ自動車産業クラスターなど国際的に認められた産業クラス
ターについての研究もありえるだろうが、このような視点からの分析はいまの
ところ企業事例の紹介の域を出ていない。開発経済論の視点からは、ベトナム、
ラオス、ミャンマーなどでの縫製業の研究が見られる。なお、ベトナムでの進
出日系中小企業と地場中小企業との複雑に絡まりあう経済関係についての最近
の研究には前田（2018a）がある。

3. ASEAN 統合と中小企業

（1）欧州とは異なる ASEAN の統合モデル

　一部のマスコミや研究者は ASEAN を EU 統合とのアナロジーで捉えようと
する動きが見られはするものの、ASEAN 統合の基本的な性格は EU のそれと
は大きく異なる。両者はまったく別の考えに基づいて建設が進められているこ
とにまず注意が必要である。

　かつて、ベラ・バラッサ（Bela Balassa）は、経済統合に関する彼女の著書『経
済統合の理論』のなかで、自由貿易圏、関税同盟、共同市場、経済統合、完全
なる経済統合へと統合水準の上方シフトにともなって、国家の経済主権がます

168

ます超国家機関に委譲されることとなることを指摘した（Balassa（1961）；中島訳（1964））。バラッサの視点によれば、今日におけるEUの統合水準は経済統合から完全なる経済統合への移行途上にある。1992年のマーストリヒト条約を経て、EU各国はその通貨主権をECB（欧州中央銀行）に委ねることにより、1999年に単一通貨ユーロが誕生した（ユーロが市中に流通するのは2002年）。現在では金融政策の一本化を進めつつあるものの、財政政策はEU各国に残されたままである。そして、域内では財政トランスファー・メカニズムがないので、EU域内では多くの危機がこのところ立て続けに生じている。EU委員会が、各国の"ポピュリスト"政権や政党とことごとく衝突するのはEUの財政ルールに各国財政を縛り付けるためである[2]。ASEANの現状は、関税の相互撤廃はあっても域外共通関税化はみられないことから自由貿易圏の形成に留まっている。したがって、2015年に完成したAECもその内実は自由貿易圏にほかならない。

　つまり、欧州統合は制度的統合を基本的な特徴としているが、ASEANは先進国からの直接投資を梃子とした市場関係の積み重ねや企業間関係のネットワークを中心とする市場面での統合体であるという基本的な特徴の違いがある。『欧州統合は行きすぎたのか』のなかで、G・マヨーネ（Giandomenico Majone）はEU各国間では紛争が生じた場合に備えて超国家機関を必要とし、そこでは政治的調整が複雑に絡み合って取引費用がきわめて高くつくと現在のEU統合方式を批判している（Majone（2014）；庄司監訳（2017）、上巻の序章）。

　さらに言えば、現在のEU統合レベルでは各国の産業政策は一本化されていないし、EU産業資本やEU中小企業といったものは存在しない。あるのは各国独自の産業政策、中小企業政策、中小企業である。EU産業資本やEU中小企業との名を冠した文書があったとしてもそれは欧州委員会等の官僚たちが作成した、現状は作文の域を超えるものではない。同様に、ASEAN統合の現状も自由貿易圏に留まるのでありASEAN資本や、ASEAN中小企業は存在しない。存在するのは、ASEAN各国の産業であり、中小企業である。

（2）ASEAN 統合と中小企業開発

ASEAN 各国の中小企業がもつ経済的な重みには大きなものがある [3]。ASEAN 資料（2012 年 6 月 6 日公表）によると、ASEAN 諸国の中小企業は GDP で ASEAN 全体の 30 ～ 53％、輸出では 19 ～ 31％とされる。もちろん、国による数字の違いは大きい。ASEAN は中小企業開発が加盟各国の経済開発と成長にとって不可欠であることを強調する。

The Strategic Action Plan for ASEAN SME Development 2010-2015 は、ASEAN における中小企業開発の枠組みを定めている。この文書は *The ASEAN Economic Community (AEC) Blueprint* ならびに The ASEAN SME Working Group <ASEAN SMEWG> の今後における作業内容を明らかにする。ASEAN SMEWG は、ASEAN ＋ 3（日中韓の 3 カ国）の中小企業振興機関が合同協議を行うものである。そして、AEC *Blueprint* は、ASEAN が、(i) 起業家教育についての共通カリキュラムを作成＜ 2008 ～ 2009 ＞、(ii) リージョナルあるいはサブリージョナルなリンケージを有する包括的な中小企業サービスセンターの設置＜ 2010 ～ 2011 ＞、(iii) 各国での中小企業金融ファシリティー＜ 2010 ～ 2011 ＞の制度化、(iv) スキル向上を目的とする各国間での職員の相互派遣ならびにインターンシップ計画の地域プログラム＜ 2012 ～ 2013 ＞の実施、(v) 中小企業が利用可能な地域中小企業開発基金＜ 2014 ～ 2015 ＞を設立、との行程表を明らかにしている [4]。

さらに、2015 年 11 月にはジャカルタにある ASEAN 事務局（ASEAN Secretariat）が次の 10 年間についての *ASEAN Strategic Action Plan for ASEAN SME Development 2016-2025*（the Post-2015 SAP SMED）を公表した。本文書は先の *AEC Blueprint* の最終的な実施局面をカバーするものと位置付けされる。AEC の完成は中小企業に利益を及ぼすと期待され、そのためにもこの *Plan* の下で優先順位と行程表を策定する必要がある。ここで、前半 5 年間については中小企業が AEC ならびに地域的バリューチェーンにシームレスに統合する。そして、後半 5 年間では、イノベィティブで、包摂的そして強靭な中小企業を形成するという目標が定められている。行程表には 2 つの種類が想定される

（図表9-2）。

①競争力向上の工程表…多様性やイノベーションがかなり進んでいる ASEAN 各国のグローバル競争力を高めるためのイニシアチヴ

②包摂性向上の行程表…伝統経済から工業化への過渡期を促進するためのイニシアチヴ

図表 9-2　優先順位と行程表

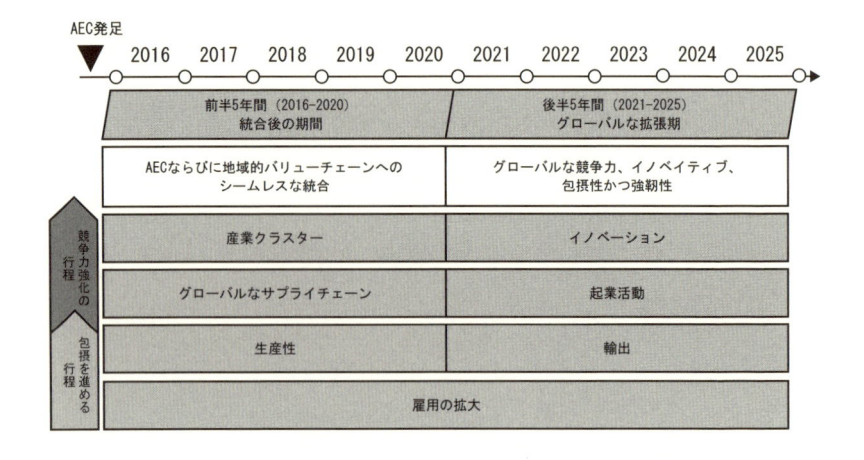

（出所）ASEAN Secretariat（2015）, *ASEAN Strategic Action Plan for ASEAN SME Development 2016-2025*, p.2.

　これらを実現するために、the Post-2015 SAP SMED は次を策定する。(i) 共通のビジョンならびにこれを実現するための戦略目標、(ii) 期待される目標の明確化、(iii) 結果測定のための基本的な政策指標、(iv) 地域連携のための活動方針、(v) 活動方針明確化のための優先順位に関わる行程表、(vi) 加盟国の定期的モニタリングそして評価メカニズムの設計である。ここでのミッションは2025 年までに、ASEAN がグローバルな競争力を備え、マイクロならびに中小企業が強靭でイノベィティブとなり、ASEAN 共同体にシームレスに統合され、この地域で包摂的に発展することである。そして、それらの実現を通じ

て、ASEAN のマイクロ・中小企業がグローバルなレベルでの競争力をもちイノベィティブな存在にすることがビジョンである。

　このように ASEAN では、中小企業の開発を進めるための戦略ペーパーを次々と作成し、野心的な目標を掲げている。ただ、この目標が現実的には不十分にしか達成できていないことは明白である。中小企業の現場を歩いてみると、これらの文書が現実を見据えて作成されたのではないことが白日の下に晒される。現実からは程遠い総花的プログラムと言わざるを得ない。そして、ASEAN 事務局の作成したペーパーは ASEAN 加盟各国になんらの法的拘束力を有するものではない。つまり、形の上で ASEAN は EU のアナロジーで捉えられることもあるが、両者は目指すところが大きく違う。国家権力（＝主権）の第三者委譲についての議論を常にともなう EU、そして加盟国間での友好関係の強化にとどまる ASEAN とではまったく別の存在である。

　ベトナム経済管理中央研究所（CIEM）の Vo の説明によると、ベトナムでは経済の自由化が進展し産業クラスターが出現しつつあるものの、地場中小企業の状況は”非常に悪い”（Vo（2017））。ベトナムの主要輸出産業である繊維・衣類ならびに電気・電子関連産業では、主要な輸入部品・部材に依存した輸出拡大志向戦略の限界が窺い知れる。そのことは今日におけるベトナム輸出拡大の背景にサムソン電子がベトナム北部で組み立てるスマートフォン（現在はギャラクシー S9 や S9+ などの高級機種中心）生産の貢献がきわめて大きいことで明らかになる。すなわち、ベトナムからのスマホ輸出が増えるたびに、ベトナムでは主要部品が製造できないことによって韓国や中国からの重要部品の輸入が急増するという貿易構造面でのボトルネックの存在が認められる。経済発展が自立的なものになるためには加工貿易型発展からの脱皮が確実に求められる。

▌4. ベトナムの起業家群像―アントレプレナー誕生の道筋―

　黒瀬は専修大学の調査に基づき、1990 年代以降の時期に、ベトナム、タイ、マレーシア、中国などの諸国で若い企業が多く、創業が活発だと述べている（黒瀬（2011））。今回、われわれは、「ベトナム企業（機械金属関連製造業）の創業者の属性把握に関する調査（2016 年 10 月現在)」という現地資本中小企業に対するアンケート調査をベトナムで行った⁽⁵⁾。調査は機械金属関連中小企業に限ったものであるが、2000 年代に入って年とともに創業がますます活発になっている事実を明らかにしている。ベトナム経済の世界市場への参入にともなって、ベトナムでの起業活動が活発になっていることが浮かび上がった。

（1）高学歴起業家の叢生―エリート資本主義の萌芽か―

　ベトナムでの創業者は、30~39 歳という年齢層が最も多い。なかでも、30 ～ 34 歳の 30 歳代前半が突出していた。30~39 歳についで多いのが、20~29 歳と 40~49 歳の年齢層である。今回把握できた一番若い創業者は 22 歳の大卒者で、友人との二人で資本金の 70％を拠出している。具体的な生産品目は中電圧・低電圧の電子キャビネット、変圧器、ケーブルリフト、電子グリッド付属品である。

　創業者の学歴は、大学卒業者が圧倒的多数である。ここからは、ベトナムにおける機械金属関連製造業の創業者たちが高い学歴の者から構成されていることが明らかとなった。創業者の 7 割近くが大学卒業者であるし、大学院修士課程修了者の数も相当数に上る。さらに、大学院博士課程修了者も一定数含まれている。短期大学卒業者も少なからず存在するが、最終学歴が高校という者は僅少で、中卒者は見られない。このように、ベトナムでのアントレプレナーの 9 割近くという圧倒的多数が大学卒業以上の肩書きを持っている。この事実は（大学、大学院修士課程、同博士課程の合計が 88.9%)、まさしくこの産業分野での新規創業のほとんどが大卒のエリート層によって担われていることを明

らかにしている。また、調査結果からは彼らが出身地の故郷近くで創業していることも窺えた。このように、ベトナムで明らかになった事実は、学歴の低い人たちが近隣の成功者の見よう見まねで簡単に開業する大量の新規開業現象（丸川は「大衆資本主義」の勃興との比喩を行っている（丸川（2013））とは異なり、エリート層が主導する言わばエリート資本主義と譬えられるかもしれない（前田（2018a）の第5章）。

（2）多様な資金調達

　私は先に別稿で、ベトナム人起業家が創業を決断するに際しては以下を重要な要素と考えていることを指摘した（前田（2018a）の第5章参照）。すなわち、①資金面の制約解消、②知識・関心の醸成、③信頼感／インフォーマルかつ濃密な人間関係の形成、④基礎的な技術の取得／進出日系企業や前の勤務先での技術習得、の4点である。そのうち、創業者の資本金調達先等についても、今回、いくつかの新たな事実を確認することができた。第一に、卒業大学名が記されているもののなかではハノイ工科大学卒業者が多い。今回調査が機械・金属業種を対象としたものであるから、工科系・工業系大学の出身者が多いのも当然の結果と肯けるものの、同大学の卒業者に新規開業者が多いという事実が、とくに北部を中心に明らかになった。第二には、各主要創業者の資本金拠出割合を4分類で尋ねてみると*、自身の資本金拠出額については、親戚や兄弟姉妹等から借金もなしでそして銀行からの融資も受けずに、すべてを自己資金のみで負担したという回答が全体の半数超を占めている。これまで一般的に、後発発展途上国の新規創業者は親戚や知人から資金を借りまくってなんとか資金調達を賄っているとのイメージが一人歩きしているものの、そのイメージは実像と大きくかけ離れていた。さらに第三として、新規開業に要する資本金のすべてを1人で拠出している新規開業者が7名も存在しているという驚くべき事実がある。そのなかには、若者も多い。近年のベトナムでは新規開業資本金を自己資金だけで賄える豊かな層が出現している。第四に、4つの調達先からまんべんなく創業資本を調達している例は2件と極めて少ない。そして第

五に、創業者の資本金調達方法として銀行借入を行っているケースはほぼ三分の一と結構多かった。後発途上国では新規開業にあたっての間接金融機能が遅れているとの思い込みは禁物である。今回調査では銀行からの融資を受けて資本金を調達し新規開業にこぎつけたケースが意外に多く見られたのである。

> ＊ここでは、主要創業者の資本金調達先について、自己資金、親戚からの借り入れ（親・兄弟・姉妹など）、銀行からの借り入れ、その他の４つに分類し、それぞれの調達比率を尋ねる質問形式である。

（3）日系企業が大きな刺激を提供

さらに、創業者の他社での勤務経験の有無を調べると、ベトナム人起業家の多くが多様な道筋で苦労を重ねつつ創業にまで辿り着いた経緯が明らかになった。第一に、創業者の半数が外資系企業での勤務経験を有している。ベトナムでの現地資本企業の新規開業に日系などの外資系企業がなんらかのかたちで大きな刺激と影響を及ぼしている。第二は、外資系企業のなかでは日系企業が圧倒的な影響力を発揮している。すなわち、外資系企業での勤務経験者25件のなかで日系企業は大多数を占めていたが、韓国系、台湾系、米系各３件、そして欧州系は２件にすぎなかった。調査前では北部にサムスン電子の巨大携帯電話組立工場もあることから韓国系がもう少し多いのではと予想していたが、今回の結果を見る限りではその事実は拾い出せなかった。第三は、新規開業に外資系企業の影響力が強いことを指摘したが、それでもなおそれと同じくらいにベトナムの国有・国営、民営企業の役割にもそれなりの大きなものがあった。ここでは国有・国営企業からのスピンオフ創業者もかなり多いという事実が見られた。第四は、日系企業勤務経験者はどちらかといえば40歳代未満の青年層が多いと考えられるが、ベトナム系企業の勤務経験者（国有・国営、民営企業）については50歳台以上の者も数多く含まれている。第五は、開業以前に複数の外資系企業を渡り歩いて技術、知識、管理手法などを参考としながら、創業のチャンスを窺っていたケースも散見できた。最後に第六として、ベトナム人創業者が勤務していた日系企業の業種に関して言えば、機械加工、金属プレス、金型製造、生産財の順に多かった。こういった日系の基盤的技術群企業

にベトナム人技術者がいったん勤務することにより、いっそう高い水準の技術や管理手法等を習得したうえで、退社後には当該産業分野において新規開業を続々と実現しているとのベトナムにおけるアントレプレナー誕生への道筋が明らかとなった。

(4) 日本人技術者の役割

　日本からの技術者の来越指導はもとより、ベトナム工場から日本の親工場へのベトナム人従業員の派遣研修にくわえて、ベトナム国内でのインターンシップ制度などの産学連携を通じた優秀なベトナム人従業員の育成・確保も見られている。もちろん、進出日系企業のベトナム地場企業への外注やこれらベトナム系サプライヤーからの現地調達も増えつつある。また、日越金型クラブ等同業組合の結成を通じて金型分野でのベトナム企業育成の機運が高まっている。

　日系中小企業のベトナムでの積極的な事業展開と熟練技術を有する日本人技術者の存在は、ベトナムでのローカル中小製造業の創業とその成長プロセスに大きな刺激を与え続けている。派手さはないものの、このような着実な継続的努力こそが、結果としてベトナムへの技術移転をもたらし、同国工業化への道程を確実なものにしているように私には思える。また、ベトナム戦争をきっかけにアメリカなどへ海外移住した人たちの子ども世代である「越僑」の起業も相次いでいる（「日本経済新聞」2016 年 9 月 17 日付）。ただ、彼らによる起業の多くは音楽コンテンツ管理やベンチャー投資などアメリカ流のビジネスであり、これまでに述べてきた日本企業との交流を通じて育まれている新規創業の波とは性格が大きく異なる。

5. ASEAN 化する ASEAN に向かうのか

　「アジア化するアジア」の動きについては、製造業現地法人の販売先と調達先の比率を地域別にみることである程度は確認することができる。ちなみに、

『第46回　我が国企業の海外事業活動—平成28年海外事業活動基本調査（平成27年度実績）—』によると、2015年度の地域別販売先では、北米94.0%、欧州84.1%、アジアが79.3%となっており、10年前（2006年度）のそれぞれ、93.5%、91.9%、69.6%と比較すれば、アジア地域でのそれが10%もの高まりを見せていることに気づく。一方、2015年度の調達先では、アジアが76.6%、北米69.6%、欧州が66.0%である。10年前には各々、68.9%、63.7%、60.3%であった。調達先についても、アジアがかなり増えている。このように、日系製造業現地法人のアジア域内での販売・調達活動が盛んになっている様子が窺える。

　また、ASEAN10カ国*について2010年度と2015年度での製造業の売上額と仕入額の相手先を調べたのが、**図表9-3**と**図表9-4**である。ここからは、2010年度から2015年にかけて、ASEAN10での現地取引額（**図表9-3**の現地販売額と**図表9-4**の現地調達額）が着実に増加していることが示される。その限りでは、ASEAN化するASEANへの傾向が窺える。そして、現地の取引先としては、日系企業や地場企業よりも、その他企業の伸びが著しい。ただ、その他企業の国籍別内訳は明らかでない。伸び率としてはその他企業が目立つとはいえ、売上高では日系企業が、また仕入高は地場企業が大きい。進出日系企業にあっては、売上高、仕入高の双方で、ASEAN各国企業との取引関係の増加傾向が認められる。

*マレーシア、タイ、インドネシア、フィリピン、シンガポール、ブルネイ、ベトナム、ラオス、ミャンマー、カンボジアを指す。

図表9-3　ASEAN10カ国の売上高内訳

単位：百万円

	2010年度	2015年度	伸び率
現地販売額	10,437,876(100.0%)	14,360,898(100.0%)	1.38倍
日系企業	5,682,627(54.4)	6,828,009(47.5)	1.20倍
地場企業	4,331,492(41.5)	5,572,306(38.8%)	1.29倍
その他の企業	423,757(4.1)	1,960,493(13.7)	4.63倍

（出所）一般社団法人 経済産業統計協会編『我が国企業の海外事業活動』各年版より作成。

図表 9-4　ASEAN10 カ国の仕入高内訳

単位：百万円

	2010年度	2015年度	伸び率
現地調達額	8,640,124(100.0%)	12,927,689(100.0%)	1.50倍
日系企業	3,223,910(37.3)	4,207,559(32.5)	1.31倍
地場企業	4,974,257(57.6)	6,561,956(50.8)	1.32倍
その他の企業	441,957(5.1)	2,158,178(16.7)	4.88倍

（出所）図表9-3 と同じ。

6. おわりに
− ASEAN 各国中小企業から ASEAN 中小企業への躍動をもたらすか−

上で明らかにしたように、現地での日系企業の存在とそこにおいてベトナム人社員を誠実に指導し続けている日本人技術者たち、そして留学などで国際経験を身に着けたエリート大学卒業生たちと彼らとの出会いが、ベトナム北部において続々と創業に踏み切る契機ともなっている。ASEAN 経済圏の一隅に出現した、このような一部のビジネス・エリート主導とも言える工業化への道筋は今後着実なものとなるのか、日本製造業の行く末とも絡む重要な課題をわれわれに提供している。ただ、ベトナムでの創業者叢生のプロセスは中国などでの経験と様相を異にしている。

しかしながら、ASEAN10 での相互取引関係の強化が窺えるとはいえ、それは貿易関係についてであった。すなわち、それは生産活動の担い手までを明らかにするものではない。このような意味からも、ASEAN 各国での現地資本企業に関する研究の進展が望まれる。現地資本企業の躍動する時代を迎えるようになれば、そこで ASEAN 中小企業誕生の契機となり、さらには各国国民経済自立化の礎がより堅固になる。

さらに、アジアを取り巻く世界貿易環境は今後数年間で激変が予想される。環太平洋経済連携協定（TPP）参加 11 カ国による TPP11 の関連法が 2018 年 6 月に成立したことを受けて、世界の GDP の 13% そして貿易額の 15% を占める

巨大な自由貿易圏構想が 2018 年年内に発効した。さらに、東アジア地域包括的経済連携（RCEP）については、同年内での合意形成に向けて交渉の加速化が 7 月の閣僚会合で一致した。ASEAN 加盟諸国の多くがこれら二つの巨大自由貿易圏作りに参画しているか、あるいは参加に意欲を示している。このような世界貿易環境のドラスチックな変化のなかで、ASEAN 統合が EU とは異なる独自の統合を進めていくことにより、ASEAN における中小企業振興政策にもきわめて大きな刺激を与えるだろう。

【注記】

(1) ASEAN は、他の地域とは違い、生産ネットワークの進化過程を異にしている。リチャード・ボールドウィン（Richard Baldwin）が提示するアンバンドリング論に基づいて、西村・小林（2016）は産消分業を超えた生産プロセスにおける工程間分業においては ASEAN がもっとも進んだ地域と述べる。ここで言う「セカンドアンバンドリング」とは生産プロセスやタスクが複数の生産ブロックにフラグメントされ、さらにそれが適地へと分散立地される状態を指している。そのためには、サービス・リンク・コストの引き下げが重要な課題と認識される。さしあたりは西村英俊・小林英夫「序章　ASEAN 自動車・部品企業の現状と地域統合」西村・小林（2016、pp.3,29-30）を、詳しくは木村・安藤（2006）、木村（2018）等を参照。
(2) そうしないとユーロの価値が不安定になると EU は考えている。ただし、その財政基準の数値に関しては理論的根拠がない（尾上修悟（2018）『「社会分裂」に向かうフランス―政権交代と階層対立―』明石書店、pp.347-348 ならびに同（2014）『欧州財政統合論―危機克服への連帯に向けて―』ミネルヴァ書房、p.21 を参照）。
(3) ASSOCIATION OF SOUTHTEAST ASIAN NATIONS, *SME Developments in ASEAN* : https://ASEAN.org/?static_post=ASEAN-economic-community-sectoral-bodies-under-the-purview-of-aem-small-medium-enterprises 2018 年 12 月 20 日閲覧。
(4) *Ibid. AEC Blueprint* について詳しくは、*The Strategic Action Plan for ASEAN SME Development 2010-2015* を参照してほしい（https://ASEAN.org/storage/2012/05/2-SPOA-SME-2010-2015.pdf　2019 年 1 月 5 日閲覧）。
(5) 日本語版とベトナム語版とでそれぞれ作成した本アンケートの調査は 2016 年年末に実施された。ジェトロハノイ事務所・同ホーチミン事務所作成の資料より無作為に抽出したローカルのベトナム企業 365 社に対してハノイからの郵送による（調査Ⅰ）。ただ、調査Ⅰでは回収数が少なかったため（回収総数は 38 通、回答率 10.4％）、回答数を補う目的で 2016 年 10 月 6 日～8 日にもホーチミンで開催された METALEX Vietnam 2016（第 10 回ベトナム国際生産性向上のための工作機械・金属加工ソリューション展示会）において同一のアンケート調査票を活用して、

出展ローカル企業 50 社に対する追加的調査を行った（調査Ⅱ）。そこでの回収数も 44 通とそれほど多くはなかったが、調査Ⅰと調査Ⅱとの合計で 82 通という一定数が回収できた（本調査の概要に関しては、詳しくは前田（2018b）を参照してほしい）。

【参考文献】

石田正美・梅崎創・山田康博（2017）『タイ・プラス・ワンの企業戦略』勁草書房。

木村福成・安藤光代（2006）「国際的生産・流通ネットワークと新国際通商戦略」財務省財務総合政策研究所『フィナンシャル・レビュー』2006 年 4 月。

木村福成（2018）「生産ネットワークとアンバンドリング―概念枠組みの再整理と理論・実証・政策論―」財務省財務総合政策研究所『フィナンシャル・レビュー』2018 年 11 月。

黒瀬直宏（2011）「東アジア中小企業の発展と今後の展開」『公益社団法人中小企業研究センター年報』。

経済産業統計協会編『第 46 回　我が国企業の海外事業活動―平成 28 年海外事業活動基本調査（平成 27 年度実績）―』等の各年版。

末廣昭（2000）『キャッチアップ型工業化論――アジア経済の軌跡と展望』名古屋大学出版会。

末廣昭（2014）『新興アジア経済論―キャッチアップを超えて―』岩波書店。

西村英俊・小林英夫編著（2016）『ASEAN の自動車産業』勁草書房。

西村英俊編著（2018）『アセアンライジング』勁草書房。

藤岡資正編著（2015）『日本企業のタイ＋ワン戦略―メコン地域での価値共創へ向けて―』同友館。

前田啓一（2018a）『ベトナム中小企業の誕生―ハノイ周辺の機械金属中小工業―』御茶の水書房。

前田啓一（2018b）「ベトナム人新規開業者の基本的属性把握に関する研究―機械・金属関連中小製造業の場合―」大阪商業大学比較地域研究所『地域と社会』第 21 号、2018 年 12 月。

前田啓一（2018c）「ASEAN 諸国中小企業胎動の時代へ―ベトナムからの視点―」『公益社団法人中小企業研究センター年報』。

丸川知雄（2013）『チャイニーズ・ドリーム－大衆資本主義が世界を変える－』ちくま書房。

三嶋恒平（2010）『東南アジアのオートバイ産業―日系企業による途上国産業の形成―』ミネルヴァ書房。

The Strategic Action Plan for ASEAN SME Development 2010-2015 : https://ASEAN.org/storage/2012/05/2-SPOA-SME-2010-2015.pdf

ASEAN Secretariat（2015）, ASEAN Strategic Action Plan for ASEAN SME Development 2016-2025.

Balassa, B.（1961）*THE THEORY OF ECONOMIC INTEGRATION*, Richard D.
　Irwin, Inc（中島正信訳（1964）『経済統合の理論』ダイヤモンド社）.

Majone, G（2014）*RETHINKING THE UNION OF EUROPE POST -*
　CRISIS Has Integration Gone Too Far?, Cambridge University Press（庄司克宏監訳
　（2017）『欧州統合は行きすぎたのか―＜失敗＞とその原因―』上・下、岩波書店）.

Vo Tri Thanh, *SME Development in CLMV : Policy Direction & AEC Initiatives.*
　(The case of Vietnam as an illustration) , 日本中小企業学会第 37 回全国大会・国際セッ
　ション（2017 年 10 月 6 日）でのパワーポイント報告資料。

第 10 章

住工混在問題、
地域活性化と地方自治体

梅村　仁

1. はじめに

　近年、わが国では、ほとんどの自治体において工場が減少傾向にある。工場が比較的多い自治体では、地域経済の活性化や雇用、税収を確保するために、工場の誘致に加えて、廃業による工場閉鎖や外部への工場移転を防ぐことが大きな課題となっている。

　特に、地域内での住宅と工場の混在と、それに起因する問題は、住環境だけでなく、工場の操業環境にも深い影響を与えており、工場移転の一要因となる場合もある。一方、地域に存立する工場のなかには、周辺の住宅地への影響を緩和するために、土日祝日や早朝、夜間での操業を自粛したり、防音や振動を抑制するための設備投資を行うなど、公害防止に関連する規制の基準を上回る対策を講じたり、周辺に住宅地がなければ支払うことのないコストを負担しているところもある。この問題に対しては、「住工共生」といった視点も含め、多くの自治体がさまざまな対策を講じている。しかし、現実問題として、住宅開発や工場立地を完全に規制することは難しいため、住工混在による問題を完全に防ぐこともまた難しい現状がある（井上（2016）、p.1）。

　例えば、「隣の工場が閉鎖し、住宅用地として転売されることになった。そうなったら、ここで操業することが難しくなる。どうしたら、良いだろうか？」という実際のケースがある。こうした問題は、一般的には「住工混在問題」といわれ、尼崎市や東大阪市などの工業都市に多く発生している。

　トラブルになった際は、従前から立地している工場と新たに建設された住宅との共存・共生に向けた調整が必要となってくるが、どちらの言い分も間違っていない。では、どのように考え、対応すべきか、大変難しい問題である。

　住工混在問題は、安藤（1997）によると大都市問題として認識され、改善すべき対象として明確にされたのは、そう昔のことではないと指摘されている。具体的には、1960年代後半から、大阪市や東京都において住工混在地域の調査が実施され、1980年代になると住環境の改善との関係が意識されるように

なり、日本の代表的産業集積地域である大田区などにおいては、住宅併設の工場アパートの建設も行われるようになった。また、東京都板橋区では、住工混在による操業危機の危機感から中小企業経営者の発案により、一般的に「地区計画」は「景観保全」を目的としたものが占めるなか、「中小製造事業所の操業環境保全」に向けた新たな試みとして、1993 年に産業型の地区計画である「板橋区舟渡三丁目地区計画（以下、舟渡地区計画)」が初めて制定された（梅村（2011))。舟渡地区計画は、地域の特色を生かしたまちづくりを進めるため、土地の所有者やまちづくり NPO 法人などが一定の条件を満たした上で、提案できる「都市計画提案制度」(2003 年施行）の整備前であり、まさに先進事例である。こうした操業環境保全に向けた取り組みを参考に、東大阪市高井田地区でも中小企業や東大阪市役所を中心に、2003 年より地区計画の制定に動き出し、2013 年「東大阪市住工共生のまちづくり条例」という形で地域合意が図られた。

　本章では、住工混在問題の解消、融和に向けて取り組む自治体政策を事例に、地域活性化の観点から住工混在問題の課題ならびに問題解決に向けた政策展開を示す。

2. 住工混在問題と産業集積

（1）1 住工混在問題

　住工混在問題は、日本経済が高度経済成長期に入った 1950 〜 60 年代にかけて、生産拡大に伴う工場公害問題が深刻化し、居住環境の悪化から住居と工場が混在する地域から工場の転出がはじまったとされる。国の産業政策においても、こうした状況を鑑みて、工場等制限法をはじめとしたいわゆる工場三法 [1] が制定され、都市部からの工場移転が促進された。工場集積地である住工混在地域は、住居専用地域と比べると、土地や住居を比較的安く取得できることから、工場跡地に新興住宅やマンションが建設されるケースが増え、工場の騒音・

振動等に起因するトラブルが生じるようになった。特に 1980 年代に入ると、地域の状況を知らない新住民、あるいは町工場に関心のない新たな住民が住工混在地域に流入し、問題が顕在化した。また、工場が転出、廃業した跡地には、更に商業施設、時間貸パーキングも含めた物流施設などが立地することにより、産業集積の空洞化が進行するとともに、「住工商物問題」として新たな対応も求められている。

図表 10-1　産業集積地の変容と住工混在問題との関係

年　代	50年、60年代	70年、80年代	90年代	2000年初頭	現在
主な要因	公害の発生	新住民との軋轢	経済構造の変化、グローバル化	グローバル化、後継者難	先行不透明、不安感の増大→廃業へ
工業地域の用途	跡地の発生	住宅の進出	住宅、商業施設の進出	住宅、商業施設、物流施設等の進出	

出所：筆者作成。

図表 10-2　工場と住宅の混在模様（尼崎市）

出所：筆者撮影。

（2）産業集積と住工混在問題の関係性

　日本の国内各地に形成されている産業集積地域は、戦後の高度経済成長を追い風として、集積を担う個別企業が生産活動を拡大し、それを通じて地域経済

の発展、雇用の創出・拡大が図られてきた。本章で取り上げる尼崎市、東大阪をはじめ産業集積が形成されてきた地域では、大規模工場の誘致、周辺産業の発展による工業エリアの拡大、工業団地の整備など集積の発展過程はさまざまである。特に、戦後の日本経済を襲った2度のオイルショックを克服しながら、拡大する国内市場と海外市場に向けて良質な製品を供給し、競争力を高めることに集積地域は強く貢献してきたことは明白である。

　しかし、近年では、アジア諸国との生産技術格差の縮小、国内と比べた圧倒的なコスト競争力、市場の成長性等を背景に、国内大手メーカーはもとより、関連する半製品・部品、素材メーカーにおける生産拠点の海外移管や国内生産拠点の統廃合の動きが加速している。また輸入品の浸透、ライフスタイルの変化などによって、生産縮小を余儀なくされている地域もみられる。

　現在の集積地域の大きな問題は、かつて集積地域の頂点に位置し、企画・開発を行い、地域に生産を定着させて、需要と雇用を創出してきた企業が、長い不況と深まるグローバル化への対応、縮小が続く国内消費、顕著化する人材難等に直面し、地域内で仕事を完結させてきたシステムの維持ができなくなってきているという事実である。そうしたことから、中小企業が地域の核となる企業を中心とする分業的なネットワークに依存して企業活動を発展させることは難しくなっている。

　しかし、元来産業集積を構成していたのは、個々の企業であり、互いの連携・信頼関係のなかで厳しい中にも活路を開き、産業集積地域に変化をもたらしてきた現状も垣間見られ、中小企業のネットワークや連携関係の基盤としての産業集積は、地域経済活性化にとって大変重要なものである（中小企業総合研究機構（2003））。

　こうした産業集積地域は、大都市圏を中心として住工混在問題を抱えている自治体に多く存在していることから、産業集積と住工混在問題は大変密接な関係にあると言える。

（3）住工混在問題における住民・企業者との意識比較

　住工混在問題は、工業都市における課題であると前述したが、元来、住宅都市として良好なイメージのある自治体も地域産業振興に近年、注力し始めている。大阪府下でいえば、高槻市、茨木市、豊中市などの北摂地域である。

　そうした中、豊中市が2016年に住工混在問題防止に関するアンケート（対象地域：豊中市内の準工業・工業地域、事業所（製造業・運輸業・卸売業）：回収数376件、回収率25.4%、住民：回収数375件、回収率25.0%）を実施した。豊中市は、一般的に住宅都市のイメージが強い中、神崎川周辺、大阪国際空港周辺を中心として企業が集積している。しかしながら、住工混在問題における年間クレーム数は10件程度であり、関西を代表する東大阪市のクレーム数のわずか5%程度である。そうした現況の中で、将来的に住みやすい・働きやすいまちづくりを目指して、住工混在問題防止に関するアンケートを実施する豊中市の地域活性化における意気込みの高さが理解できよう。

　さて、では住工混在問題防止に関するアンケート結果における住工混在のトラブル対策の必要度について見てみよう。

　豊中市（2017）によれば、「工場が集積している地域では、新規住宅の建設を規制（抑制）する」については、事業所側が6割以上必要と感じていることに対し、住民側は4割程度と、必要と思う割合に差がみられる（**図表10-3**）。次に、「住宅が集積している地域では、新規工場の建設を規制（抑制）する」については、事業所側、住民側ともに6割以上が必要と感じており、必要と思う割合はほぼ同じである（**図表10-4**）。さらに、「当事者や住民などが地域の中で話し合い、トラブルの未然防止に向けたまちづくりのルール（具体例：都市計画法に基づいた地区計画など）をつくる」については、事業所側は6割程度、住民側は7割程度が必要と感じており、やや住民側の方が積極的に必要と感じている（**図表10-5**）。以上から、工場が身近な存在である準工業・工業地域の住民は、住工混在問題への関心もあり、将来的に対応策の必要性が高いことが窺える結果となった。豊中市は、クレームの数ではなく、操業環境を良くすることは地域の住環境向上にも繋がるとの姿勢から積極的に政策展開して

いるのである。

図表 10-3　工業集積地での住宅規制

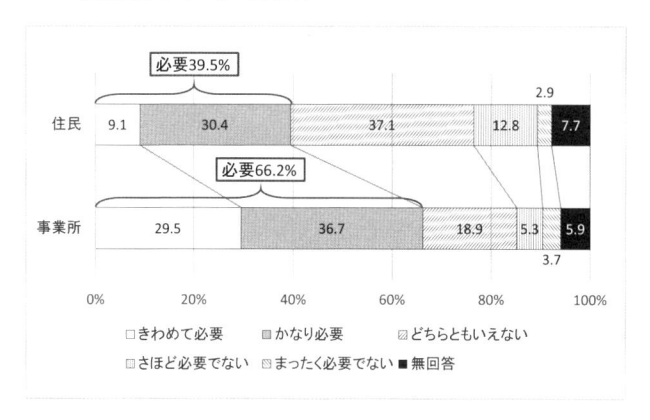

出所：豊中市（2017）。

図表 10-4　住宅集積地での工場規制

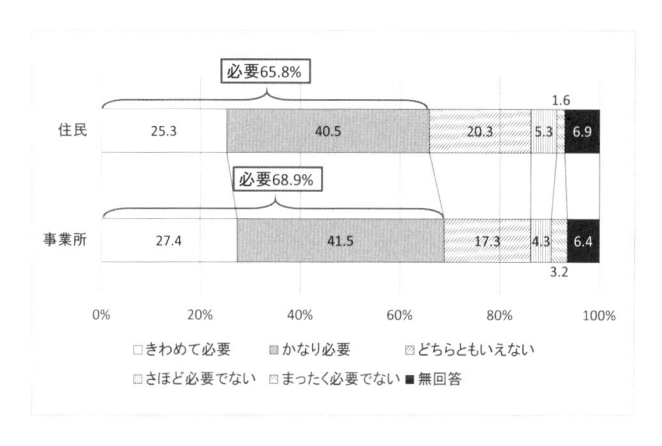

出所：豊中市（2017）。

図表 10-5　まちづくりルールの策定

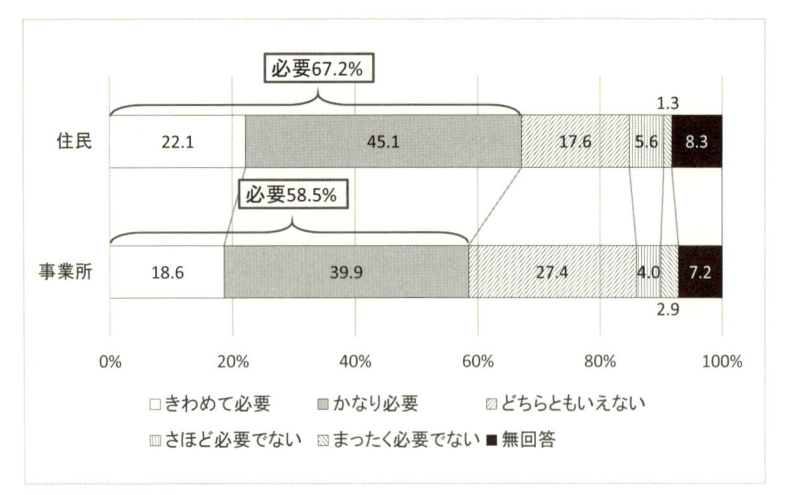

出所：豊中市（2017）。

3. 自治体政策の現状

（1）工業集積都市の対応策

　工業集積をかかえるいわゆる工業都市や大都市圏の自治体では、こうした住工混在問題をまちづくりの課題ととらえ、問題解消を目的に、工場アパートや工業団地の造成などさまざまな取り組みが積極的に行われてきた。そうしたなか、大阪都市経済調査会（2006）では、各地域での取り組みの主な内容として、①住宅開発業者に対する指導・規制、②工場の取り組みに対する支援、③工業用地の保全に関する支援、④ゾーニングによる操業環境・住環境の適正化支援の4分類に整理している。

　例えば、大田区では住宅と工場併設の「大森機械加工センター」が1983年に供用開始され、住工混在地域の中での域内再配置や、住工併設、立体的高度利用などの可能性をもった施設として期待されていた。また、大田区は、前述

の工場アパートの建設以外に、開発指導要綱に基づき、工業地域・準工業地域における集団住宅建設事業に係る開発指導を行っている。具体的には、①事業者に対し、区との事前協議、②近隣の工場主及び工業団体に対する計画説明、②入居予定者への工業地域である等の趣旨説明を求めている。

　一方、住工混在問題をまちづくりの課題として認識し、政策立案する自治体もあらわれているが、全国的には工業集積を抱える自治体が中心であることから、少数派である。近年、都市計画制度の地区計画による住工混在問題の解消に取組む自治体が少しずつ現れているが、前述した舟渡地区計画の事例は大変参考になる。詳しくは梅村（2019）を参照されたい。

　以下、特徴的な政策展開している関西地域の自治体政策を紹介する（**図表10-6**）。

図表 10-6　主な産業集積都市の住工混在問題への対応策

	事前対応	事後対応
対住民	・緩衝緑地帯の設置（尼崎） ・住民説明会の開催義務付等（大田区） ・地区計画の制定（板橋区・東大阪市） ・特別用途地区の制定（尼崎市・東大阪市） ・ゾーニングの設定（尼崎市：商業立地ガイドライン、土地利用方針）	・工場地域の周知活動（各自治体） ・住工共生ビジョン、条例の制定（東大阪市）
対工場	・工場アパートの設置、紹介（大田区） ・工場適地の相談、紹介（尼崎市・東大阪市） ・工場建設補助等の優遇策（尼崎市・東大阪市）	

出所：梅村（2019）を一部修正。

（2）尼崎市：操業環境の保全

　尼崎市の取り組みは、1960年代後半から市内各所に工業団地及び工場アパー

ト（計 14 ヵ所）を建設し、住工混在地域から製造事業所の移転を図ってきた。また、同時に、尼崎市住環境整備条例の制定により、住工混在の融和を図るとともに、土地利用用途の純化を目指し、その後の政策が構築されてきた。

　政策的特徴として、産業振興の観点から土地利用の誘導を行おうとする意図が明確にみられる。

　以下、操業環境の保全に向けた 4 つの政策を説明する。

①マンション等の規制：尼崎市住環境整備条例

　尼崎市の土地利用において、事業所からの住宅地への転換が多いことから、その防止策として、1986 年に施行した尼崎市住環整備境条例を拠り所として、工業地域内では「住宅を建築する場合、敷地の周囲に幅員 6 m 以上の緑地（緩衝）を配置し、かつ敷地の 25% 以上の緑地を確保すること」と開発基準において定めた。この基準では、25% の緑地は建築基準法上の敷地と見なさず、例えば容積率 200% の場合は実質容積率が 150% となるなど、開発事業者側からは大変厳しい規制であるとの声もあるが、住宅建設の大きな抑止力となっている。

②大規模商業施設の規制：尼崎市商業立地ガイドライン

　次に、一般的に大規模工場跡地等に、大規模商業施設が立地し、既存工場の操業環境の悪化や地域の商店街への大きな影響、交通渋滞などのさまざまな問題がクローズアップされている。尼崎市においても、そうした経験を経て、先行都市の事例を調査するなかで、都市構造に影響を与える恐れのある無秩序な商業開発を抑制し、地域特性を最大限活かすために、「住は住、工は工、商は商」と本来の用途地区に合わせた誘導すべきゾーニングとして、立地環境整備とまちづくりの観点から、良好な都市環境の形成を目指して、2004 年 4 月「尼崎市商業立地ガイドライン（以下、ガイドライン）」を施行した。

　このガイドラインでは、市内を 8 つのゾーンに区分し、まちづくり及び商業機能の方向性、並びに大型店の誘導・規制の指針を示した。基本的には、都市計画法の用途地域の制限規定を適用しながら、都市計画法の用途地域上、商業立地の規制がない工業地域、準工業地域や住居系の用途地域を中心に店舗面積

の上限を設定しており、特に重点地域である工業系のゾーンには高いレベルの立地規制が設定されており、開発基準同様に大変厳しい政策であるといわれている。

③工業地の保全：特別用途地区の指定

2007 年 3 月、尼崎市は機械や金属メーカーの集積地である尼崎市扶桑町地区（約 42.5ha）を特別用途地区である「工業保全型特別工業地区」として都市計画決定した。この地区は、内陸部の交通至便な所に立地しており、大型商業施設や住宅等に転換した場合、重大な影響を与えかねないことから、この決定の意義は高い。また、特別用途地区と地区計画の大きな違いはその発意の源にあると言われている。

特別用途地区は行政側、地区計画は地域住民等側の発意が都市計画手法の選択の源であり、今回の用途地区の指定は、今後他の地区において工業地域における「快適な工業地の形成、良好な生産環境の確保」の必要性と地権者等の合意の可能性がある場合は、自治体として今後も取組んでいくことを表明したものといえよう。

④まちづくりのビジョン：尼崎市内陸部工業地の土地利用誘導指針

これまで市独自の政策や都市計画的手法の検討などがなされてきたが、2007年 4 月、新しい用途地域への変更と同時に、長期にわたる検討期間を経て「尼崎市内陸部工業地の土地利用誘導指針」（以下、誘導指針）の運用を開始した。誘導指針の目的は、工業地域及び準工業地域内における土地利用の誘導方向と方途を定め、具体的な都市計画を定める際の基本的な考えを提示することにある。そして、最終的には、誘導指針のもと、地権者などの関係者の理解を得ながら、用途地域制度やその補完的制度である特別用途地区や地区計画制度の導入を図ることとしている。つまり、行政指導の範疇で行う不安定な政策の実施による土地利用の誘導を目指すのではなく、都市計画法に基づいた盤石な土地利用の形成を目指そうとしているといえるだろう。以上、尼崎市における 4 つの政策を概観してきたが、大きな方向性として、工業都市とし発展してきた歴史的経過を踏まえ、「ものづくり基盤の整備」を自治体政策の重点化項目とし

て位置づけていることが理解できる。また、いずれの政策も都市計画及び都市政策の観点から実施されており、政策の担当部局としては、ガイドライン以外の政策は、都市整備担当部局が所管していることからも、産業集積の維持・形成がまちづくりの視点として根付いていることも明らかだろう。

（3）事例検証：JR尼崎駅南側地区—工業集積ゾーンの形成

　JR尼崎駅南側地区については、大小多数の工場が集積する内陸部工業地が形成され、製造事業所や研究所等の集積地となっている。また、既に土地区画整理事業により一定の都市基盤整備は行われているが、土地利用面においては駐車場などの低未利用地も多く、駅前にふさわしいにぎわいの形成や土地の高度利用の観点からは課題のある地区である。1997年策定の「尼崎市都市計画マスタープラン」においても、土地利用の方針として、「JR福知山線と尼崎伊丹線沿いの工業地では、工業の都市型化を図り、隣接する住宅地と調和した、安全で快適な生産環境を確保する」と記載されており、前述したさまざまな政策により尼崎市においても工業適地としての立地環境整備を重点的に図ってきた。また、2000年頃の事例として、A社工場（約4ha）の撤退が表明され、跡地活用が大きな課題となった。その際、行政（尼崎市）の工場適地としての活用要望とA社の売却の方向性について、度重なる協議の結果、A社の地域貢献の視点からの譲歩により、工場から工場、事業所及び大規模マンションの住工共生が実現し、尼崎市の目指す工業集積ゾーンの形成に大きく寄与することになった（**図表10-7**）。

　しかし、近年の経済不況による経営不振、周辺住民からの苦情等による操業環境の悪化、近隣の再開発の進捗等に伴い、周辺環境や土地利用が変化しつつあり、かつて現在地での事業継続を希望していた企業から、用途地域の変更や土地の高度利用などの相談が寄せられており、近隣企業も巻き込んだ土地利用の再編の動きが活発化しつつある。なお、2019年3月にリクルート住まいカンパニーが発表した「SUUMO住みたい街ランキング」では、JR尼崎駅周辺が高い評価を得ている。尼崎市の継続的な政策による成果であろう。

図表 10-7　A 社工場跡地の再編「大規模工場から住工共生エリアに変化」

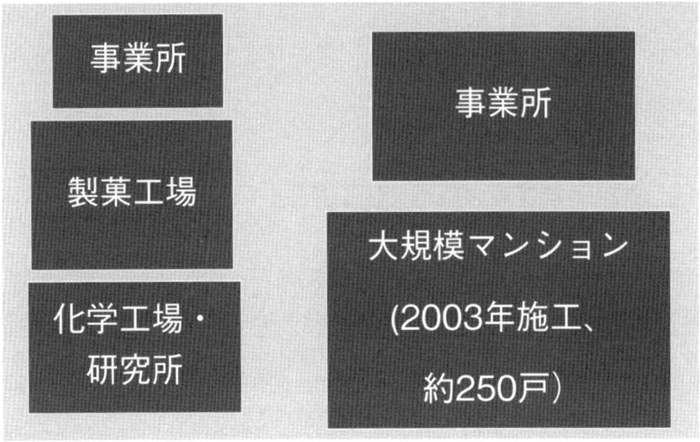

出所：梅村（2011）を一部修正。

（4）東大阪市の取り組み

①東大阪市住工共生まちづくりビジョン

　東大阪市は，ものづくり中小企業のまちとして、日本を代表する大都市圏の工業集積地域である。特徴として、産業集積の規模が大きく、かつ中小企業が高度に集積することにより、産業の多様性が形成され、独立型の中堅・中小企業が集積していることで知られている（湖中（2003）、pp.18-22）

　東大阪市は、2008 年度に工業集積地における住工混在の解消に向け、住工共生地域整備調査事業を実施し、2009 年 4 月に「住工共生のまちづくりビジョン（以下、ビジョン）」を打ち出した。ビジョンでは、住工共生のまちづくりを戦略的に推進していくため、工業専用地域、工業地域に加え、準工業地域が指定されている市街地のうち工業系土地利用の比率が高い地域を、大都市工業集積地としての機能維持・継承を先導・牽引する地域として戦略的な整備を進める「東大阪モノづくり戦略地域」として位置づけ、都市計画と産業振興のパッケージによる総合的な政策の展開を図るとしている。具体的な方策として、①工業集積を維持・継承し充実する、②工場の操業環境と住環境の共生を図ると

し、**図表10-8**に記したように4つの政策目的（市民と企業の共生環境形成、住工混在の緩やかな解消、企業の立地促進と操業の維持、住工共生のまちづくり）から総合的な政策展開を実施している。住工混在問題への対応として、全国トップの緻密な制度づくりであろう。

図表10-8　2017年度東大阪市「住工共生」政策一覧

政策目的	政策	内容
市民と企業の共生環境形成	住工共生相隣環境対策支援補助金	住宅側から申し立てられた騒音や振動の苦情について工場が実施する建築物、設備等の改善対策に補助金を交付。
住工混在の緩やかな解消	住宅建築にかかるルール	モノづくり推進地域（※1）内において住宅を建築するときに、建築主が市との協議や周辺の工場へ事前説明等の手続きを実施。
	工場移転支援補助金	住工混在を解消するために、工業系地域（※2）以外の地域から工業系地域へ工場を移転する場合に補助金を交付。
	高井田中一丁目地区地区計画の策定	住工の混在が進んでいる高井田地域内の高井田中一丁目において、住工が調和して共存するモノづくりのまちの形成を図るため、地区計画（※3）の策定。
企業の立地促進と操業の維持	モノづくり立地促進補助金	市内の工業専用地域・モノづくり推進地域内で事業者が新たに一定面積以上の工場を立地（新築・建替・増築・取得）した場合に、土地及び工場の固定資産税、都市計画税の一定割合を補助金として交付。
	事業用地継承支援対策補助金	モノづくり推進地域において新たな住宅開発を抑制するため、既存の一定面積以上の製造業事業用地を、引き続き製造業の事業用地として売却し工場が新築された場合、もとの土地所有者に対して補助金を交付。
	水走・川田地区における特別用途地区（工場保全地区）の決定	工場集積の維持・保全の推進に向けて、住宅等の立地を制限して住工の混在を未然に防止するとともに、良好な操業環境を保全するため必要な制限を加えることにより、魅力的な工場機能の保全を図るため、特別用途地区（工業保全地区）を指定。
住工共生のまちづくり	住工共生まちづくり活動支援補助金	住工共生のまちづくり条例に基づき認定された「住工共生まちづくり協議会」が実施する事業に対して補助金を交付。
	住工共生まちづくり審議会開催経費	住工共生まちづくり審議会の開催。

注1：工場の集積を維持する地域として住工共生のまちづくり条例に基づき指定している地域（市内工業地域全域と準工業地域91%を指定）
注2：工業専用地域・モノづくり推進地域
注3：地区の住民等の意見を反映して、街並みなどその地区独自のまちづくりのルールを、きめ細かく定めることができる制度
出所：東大阪市（2018）。

②東大阪市住工共生のまちづくり条例

　次に、ビジョンを策定し、政策への反映を庁内で検討し、一部政策化されて
きたが、その間も課題とされている問題は解決の方向へと向かっていないこと
から、理念とルールの理解及び共有の推進を図るため条例策定化の方針が示さ
れた（東大阪市（2012））。このような状況を受け、2012 年 5 月より、条例化
に向けて「東大阪市住工共生まちづくり検討委員会」が設置され、同年 11 月
実施の「東大阪市住工共生まちづくり条例の制定に向けた考え方に関するパブ
リックコメント」を経て、2013 年 4 月「東大阪市住工共生まちづくり条例」
が施行された。条例の目的は、騒音や振動、においなどをめぐり、新たな住民
と既存工場の間に軋轢が生じるのを防ぎ、工場の移転等を防止することにあ
る。また、同条例では都市計画法上の工業地域で住宅を新築する場合、建築主
は事前に建築計画について市と協議する義務を負うほか、騒音や振動を軽減す
るために二重窓などの対策を講じる努力義務規定も盛り込んだ点も見逃せな
い。また、東大阪市住工共生まちづくり条例の特徴は、①製造業の集積維持の
ため工業地域をモノづくり推進地域に指定、②特別用途地区や地区計画制度の
活用、③モノづくり推進地域における住宅建築への一定の抑制策などを実施し
たことである。

　条例前文には、「モノづくり企業の近隣における住宅の建築により、当該モ
ノづくり企業と近隣住民との間で相隣関係における問題が発生していることも
事実である。このような事態は、モノづくり企業の操業環境に影響を与えるだ
けでなく、市民の良好な住環境の観点からも好ましい状況ではない。職住近接
の中、モノづくり企業への市民の就業率が高く、モノづくり企業の集積は、地
域経済を支える本市の重要な存立基盤である。このため、市民の良好な住環境
とモノづくり企業の操業環境を保全し、創出することにより、住工共生のまち
を実現していく必要がある。」と記載され、市がまちづくりとものづくりの両
面から課題解決に向けて主体的に取り組むことを明言している。

　ものづくりとまちづくりは、一見まったく関わりのないものと見られるが、
実はどちらが進捗するにしても、これまで述べてきた経緯から解るように相互

の理解・調整が大変重要となってくる。東大阪市においては、継続的に少しずつ産業政策と都市政策の整合性をとりつつ、政策の展開を図ってきた。今後の住工混在問題対策の政策的根拠としての条例策定は、大変重要な意味がある。

4. まとめ

　本章で述べてきた住工混在問題への対応策は、自治体が取り組む政策として大変難解な事項であることは理解できよう。特に、地区計画は全国各地で取り組まれる一般的な手法ではあるが、その多くは景観系の住宅環境の保全や商業施設等に関する地区計画である。しかし、本章で紹介した産業型地区計画は、板橋区、東大阪市の事例以外にほとんど見ることができない珍しい取り組みである。なぜ、事例が少ないかについては、現操業地における今後の企業活動にさまざまな悩み・課題を持つ企業が多く、操業環境の保全に向けて主体的に取り組むことにためらいがあるからである。住工混在問題は、とても悩ましい事項なのである。東大阪市・中小企業都市連絡協議会（2009）の企業アンケート及び梅村（2011）から以下のことが明らかになっている。

　第1に、企業は将来を見据えて活動しており、より良い経営環境を求めており、立地している土地あるいは地域にそれほど執着するものではない。第2に、企業が所有する土地・建物は、財産であることから、財産価値のあり方には敏感であり、現在の視点からの例えば操業環境保全に対しては、総論として賛成だが、各論としての土地利用を規制する地区計画等には反対の立場をとる場合がある。第3に、産業集積地であることに対するメリット[2]をそれほど強く感じていないことがあげられる。一方で、豊中市（2017）では、工場の存在を認識し、まちづくりの観点から地域住民と企業とのルールづくりの必要性が高まりを見せていることもわかった。また、企業の立地は川端（2008）において、「場所のチカラ」のバランスで決定されると指摘されている。それは「立地選択」「立地適応」「立地創造」の方向性から、企業が最適な場所を選択すること

である。つまり、地域産業の源泉としての企業の存立とより良い住環境を求める地域住民の思いの融合（共生）に向けた政策的調整の必要性は、大変高くなりつつあることが理解できる。

　尼崎市、東大阪市の長年にわたる取り組みの推進力の根底にあるのは、地域に立地する企業の操業環境悪化に対する強い危機感である。また、企業と地域住民においてその危機感が共有された地域だけが、地区計画策定の機運に繋がっている。日本の多数ある産業集積地域において、最も不足しているのは、こうした深い危機感なのではないのだろうか。なお、課題として、住工混在問題への対応は、自治体の産業振興部局と都市計画部局との課題共有に基づく連携が必要な政策であることから、縦割り行政の弊害として理想論となる可能性がある。しかし、産業集積地域に生まれた危機感が、地域企業、地域住民、産業コミュニティ、行政などにおいて共有できれば、尼崎市、東大阪市の事例のように新たな道（政策）が開くものと信じている。

【注記】

(1) 工場三法とは、都市部の人口・産業の過度の集中を防ぐことを目的に、産業集積地域の土地利用を規制しようとするものであり、工場等制限法（首都圏 1959 年・近畿圏 1964 年）、工業再配置促進法（1972 年制定）、工場立地法（1973 年制定）のことを指す。
(2) 産業集積のメリットについては、第 3 章を参照のこと。

【参考文献】

安藤元夫（1997）「住工混在市街地（地場産業）と住環境整備」『都市計画』第 46 巻第 3 号。
井上智之（2016）「近畿大都市圏における住工混在地の変化に関する定量分析」『地方自治研究』、第 31 巻第 2 号。
梅村仁（2011）「都市型産業集積地の保全に向けた産業型地区計画の可能性 – 板橋区舟渡三丁目地区を事例として」『日本都市学会年報』44 号。
梅村仁（2019）『自治体産業政策の新展開』ミネルヴァ書房。
大阪都市経済調査会（2006）『工場流出防止方策検討調査Ⅱ報告書』。

川端基夫（2008）『立地ウォーズ』新評論。

湖中齊（2003）「産業集積と中小企業の再生」湖中齊・前田啓一編『産業集積の再生と中小企業』世界思想社。

中小企業総合研究機構（2003）『産業集積の新たな胎動』同友館。

豊中市（2017）『住工混在問題防止に関するアンケート調査結果』。

東大阪市（2012）『東大阪市住工共生まちづくり条例に関する検討のためのアンケート調査』。

東大阪市（2018）『平成30年度第一回東大阪市住工共生まちづくり審議会資料』。

東大阪市・中小企業都市連絡協議会（2009）『平成20年度中小企業都市連絡協議会合同調査報告書』。

第11章

地域社会活動に着目した自治体中小企業政策の展開

本多哲夫

1. はじめに

　自治体が積極的に中小企業政策を実施していくことの重要性が多くの研究で指摘され、実際にさまざまな自治体中小企業政策が進められつつある（本多（2013））。ただし、その多くは中小企業の「地域経済」面での効果に主眼を置く政策であり、中小企業の収益の増大に直接結びつけるための経営支援、金融支援、技術支援、国際化支援等が中心であった。

　もちろん、中小企業の事業活動を促進させ、地域内総生産、雇用、税収の増加を促していくこと、すなわち、地域経済面でのプラス効果を狙っていくことは重要である。しかし、中小企業の「地域社会」面での貢献に着目し、その貢献活動を促進させていく政策を今後展開させることも重要な課題となるのではないだろうか。

　中小企業は地域の自治、生活、文化という地域経済以外の側面（地域社会面）にも貢献しているケースが多い。自治体中小企業政策は地域の発展が大きな目的であり、地域の発展とは「地域の住民が快適に過ごせる状況をつくり改善すること」であるとすれば、中小企業の地域社会への貢献活動を促進させるという取り組みも自治体中小企業政策の範疇に入ると考えられる。本章では、こうした問題意識から、大阪の事例に基づきつつ、自治体中小企業政策の新たな展開について検討したい。

2. 中小企業と地域社会活動

（1）先行研究

　中小企業論の既存文献では中小企業と地域の関係について触れる際に、中小企業が地域内総生産の拡大、地域内経済循環の促進、雇用・税収の拡充など「地域経済」面で貢献していることを述べる一方、地域におけるコミュニティ形成

の促進、文化、福祉、生活環境の向上など「地域社会」面での中小企業の貢献にも言及するものがみられる（藤田・竹内編（1998）：清成・田中・港（1996）：上野（2013）など）。近年ではとくに中小企業の CSR に関する研究が増えつつあり、こうした研究において中小企業と地域社会との結びつきの強さが指摘されている（太田（2009）、日本政策金融公庫総合研究所（2009）、商工総合研究所編（2013）、足立編（2013）など）。たとえば、商工総合研究所編（2013）ではアンケート調査とヒアリング調査の結果から、中小企業は社是・社訓・経営理念にもとづいて地域社会への貢献を中心とした CSR に取り組んでいると指摘し、次のように述べている。「特に、地域社会への貢献で顕著であるが、CSR は経営理念等にそもそも内包されており、取り組むのが当然との意識・信条が経営者と企業内部に埋め込まれている」（p.89）。また、太田（2009）では、中小企業は「種々の制約から思い切って、地域を中心とした CSR へと特化すべきであろう。中小企業にあっては、従業員も顧客も地域とのかかわりが強いのが一般的である」（p.157）と述べている。

　自治体中小企業政策の研究においても、中小企業と地域社会との結びつきについて言及する研究は多い（伊藤（1997）：河藤（2008）：植田・立見編（2009）：本多（2013）：田中・本多編（2014）など）。たとえば、伊藤（1997）では、「地域の中小企業は、生産・販売面、雇用面といった経済的側面において地域経済の中核的な役割を果たしているが、地域における社会・文化面でもさまざまな活動を行う企業が増えており、地域コミュニティの形成、地域文化活動への参加と支援などで地域への貢献を行う動きがみられる」（p.220）と指摘している。また、植田・立見編（2009）では、「今日地域に求められる地域産業政策は、『生産と生活の公共空間』としての地域を強く意識し、地域に関わるさまざまな領域と密接に関連するものでなければならない」（p.33）と指摘している。

　こうした指摘を踏まえると、自治体中小企業政策と地域発展（地域の住民が快適に過ごせる状況をつくり改善すること）との因果関係は、**図表 11-1** のような構図で示される。しかし、自治体中小企業政策の先行研究では、政策を論じる際に、あくまで A（地域経済面）の効果を直接的な目的とする施策が前

提とされ、B（地域社会面）の効果はAを狙う施策実施から付随的に生まれてくるという考え方であったといえる。

図表 11-1　自治体中小企業政策と地域発展の因果関係

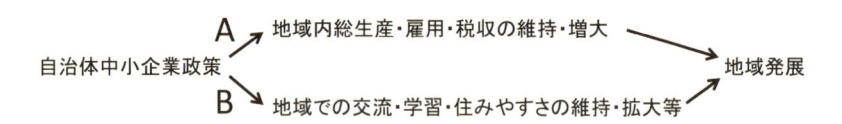

出所：筆者作成。

　自治体中小企業政策の先行研究において具体的な施策について述べる場合、従来の商工部局で実施されている産業振興や中小企業振興のための方策が取り上げられている。具体的には、研究開発や新製品・サービス開発のための助成、開発力や加工力向上のための技術支援、経営安定化や設備投資等のための低利融資・信用保証、販路拡大のためのビジネスマッチング、企業間の出会いの場づくり・ネットワーク形成、インターネット等を通じた情報提供、経営革新や新事業展開のための経営相談・コンサルティング、企業や産地のブランド化支援、インキュベーション・立地環境の整備、海外進出のための相談・情報提供等々である。これらの支援は中小企業の事業活動を活発化させ、収益向上を促進し、地域内総生産、雇用、税収等の増大に結びつけること、すなわち、地域経済面での効果を狙うことに重きが置かれている。このため、従来の自治体中小企業政策の研究では、中小企業の地域社会への貢献活動を直接支援するための施策についてはほとんど検討されてこなかった。

　地域経済振興を目的とした施策を行うこと、すなわち**図表 11-1** のAを狙う施策は確かに重要である。しかし、当該地域の経済面と社会面での発展というミッションを自治体が有していること、さらに、地域コミュニティの衰退など地域社会の疲弊も地域にとって深刻な問題となっていることを考えると、Bを直接的に狙う施策、すなわち、中小企業の地域社会活動の促進を目的とした

施策を展開していくことも重要な課題になると思われる。この課題の検討は先行研究ではこれまで不十分であったといえる。

（2）中小企業の地域社会活動

　中小企業の地域貢献や地域社会活動についてのこれまでの調査結果をみると、多くの中小企業が地域社会に対する何かしらの貢献活動（清掃、防犯防災活動、お祭りやイベントの交流活動、地元学生への教育活動など）を行っていることが示されている。

　筆者が 2013 年 4 月 5 日〜 9 月 18 日に大阪府中小企業家同友会会員 25 社に対して実施したインタビュー調査では、ほとんどの企業で地域コミュニティの維持・発展に寄与する何らかの活動が行われていることがわかった（本多（2016））。それらの活動は大きく、①地域における学習（地元学生の就業体験や見学の受け入れ等）、②地域での交流（お祭りやイベント支援・開催等）、③地域の生活環境保全（清掃や防犯活動等）、④地域での社会的包摂（障がい者の就業支援等）に分けられることもわかった。

　一方、国民生活金融公庫（現日本政策金融公庫）による中小企業への「地域貢献に関するアンケート」（2008 年実施、回答数 3,065 社、回答企業の 90.5%が従業者数 20 人未満）によると、企業として地域貢献を取り組んでいるという回答は 44.6%にすぎないことが示されている（日本政策金融公庫総合研究所（2009））。ただし、筆者によるインタビュー調査では、こうした既存のアンケート調査の選択肢には設定されていないような地域社会活動もみられていた。たとえば、地域交流のためのカフェ等の開設、近隣住民を招いてのバーベキュー大会、子供やお年寄りなど地域住民への挨拶活動などである。そして、ことさら「地域貢献」や「CSR」と認識せずに地域社会活動を行っているケースもみられた。このような状況を踏まえると、既存のアンケート結果以上に何かしらの地域社会活動に中小企業が取り組んでいる可能性があることが推察される。

　しかも、地域社会活動に取り組むことに必然性を感じている中小企業が多いこともインタビュー調査結果に示されていた。地域社会活動をなぜ行うのかを

質問したところ、「企業市民として地元を良くしていきたいと思うから」、「地域に愛着があり、地域になくてはならない会社を目指しているから」、「経営者も社員も会社のすぐ近くに住んでいるから」、「地域の繁栄が当社の繁栄につながるから」という回答が多かった。上述の国民生活金融公庫「地域貢献に関するアンケート」においても、今後、地域貢献に取り組んでみたいかという設問に対して、「できるだけ取り組んでみたい」と「機会が与えられれば取り組んでみたい」と回答した割合の合計が79.8%にものぼっていることが示されている（**図表11-2**）。

図表11-2　今後、地域貢献活動に取り組んでみたいか

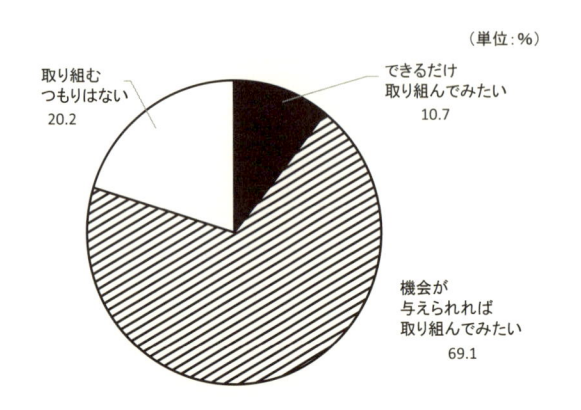

（単位：%）

取り組む
つもりはない
20.2

できるだけ
取り組んでみたい
10.7

機会が
与えられれば
取り組んでみたい
69.1

（注）回答数1,173。
出所：日本政策金融公庫総合研究所（2009）、p.128。

(3) 中小企業の事業活動と社会活動

　以上の先行研究や既存調査をふまえると、中小企業の企業活動とその地域への効果について、**図表11-3**のような構造があると考えられる。

　中小企業の多くは企業活動として「事業活動」だけでなく、「社会活動」を一般的に行っており、それぞれが、「地域での取引・雇用・納税」という地域経済面での貢献（Aの流れ）と、「地域での交流・学習・住みやすさの改善等」という地域社会面での貢献（Bの流れ）を生み出していると考えられる。本業

が地域住民を顧客とする企業（たとえば、観光業、介護サービス業、建築業など）については、とりわけ、事業活動と（地域）社会活動が重なりやすい。

図表 11-3　中小企業の活動とその地域への効果

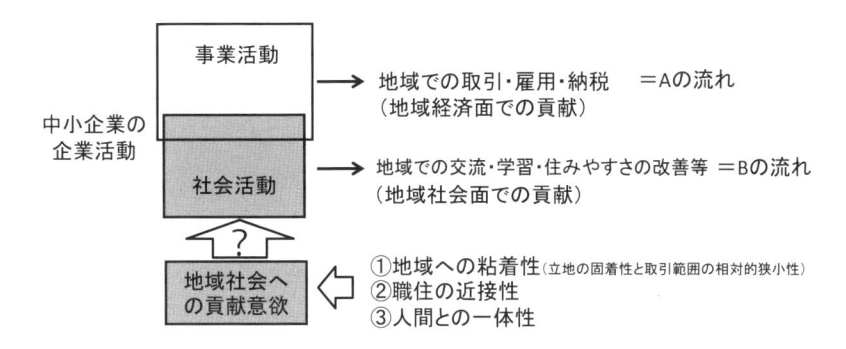

出所：筆者作成。

　もちろん、規模の大小にかかわらず、企業は「社会」活動を実施していると考えられる。しかし、大企業の場合は、その規模にもよるが、もっと広いエリアの「社会」、一国あるいは世界レベルでの「社会」が対象となる傾向にある。他方、企業の規模が小さくなるにつれて、取引の範囲が立地地域を中心に比較的狭い範囲に収まりやすく、立地場所も同じ地域に留まりやすい（地域への粘着性）。また、経営者や従業員が企業の近隣、あるいは企業と同じ場所に居住するため事業環境と生活環境が同じ地域に重なりやすい（職住の近接性）。経営者や従業員の顔が地域住民から見えやすく、同じ住民として地域から捉えられやすい（人間との一体性）。こうした性質から、地域社会と利害を共にしやすく、地域社会活動に関心を持つ（関心を持たざるを得ない）傾向が備わっていると考えられる。したがって、中小企業の場合は、相対的に狭い範囲での社会への貢献意欲が生まれやすく、社会活動が地域社会活動として具現化しやすい。

　ただし、上述の調査結果に示されているとおり、いまは地域社会活動を十分

に行えていないが、機会があれば取り組んでみたいとする企業も多く存在している。地域社会づくりにかかわろうという意識があったとしても、どのようにかかわればよいのかわからないという企業が多いという実態がある。**図表11-3**のクエスチョンマークが書かれた矢印は、このように、地域貢献意欲が自動的に（地域）社会活動に結び付くわけではないことを示している。ここに、同じ地域社会を担う主体である自治体が政策的に関与する余地がある。自治体が積極的にかかわることで中小企業による地域社会づくりの活動が促進される可能性がある。近年、大阪市の各区において、これに関する新たな行政の取り組みが生まれ始めている。次節以降、この新たな取り組みとその意義についてみていきたい。

3. 中小企業と自治体による地域社会づくり―大阪市における取り組み―

（1）港区 WORKS 探検団

「大阪・港区 WORKS 探検団」は、港区の子供たちが地元企業を見学し、働くことについて身近に学ぶというキャリア教育の催しである。きっかけとなったのは、港区役所が地元企業に呼びかけて開催した「港区企業まちづくり交流会」である。港区に立地する企業の社会貢献や地域活動に関する情報交流や意見交換を行うもので、2011 年から定期的に開催されている。この交流会での話し合いがもとになって、地元企業が地域貢献活動を意識的に進め、その活動を区役所がサポートするという機運が高まることになった。そして、2012年度に地元中小企業団体の提案をもとに、「地域と企業の活性化プロジェクト」として港区 WORKS 探検団が実施されることとなった。

第 1 回の港区 WORKS 探検団は 2013 年 2 月 9 日に開催され、小学生 37 名と保護者 17 名が参加した。午前中に各班に分かれて地元の企業 6 社（船舶関連企業、トラック関連企業、通関業、木材関連企業、ホテル業、出版業）を訪問し、午後から訪問先企業で体験したことや発見したことの発表を行った。第

2 回も同様の形態で 2014 年 2 月 15 日に開催され、子供 19 名、保護者 9 名の参加があった。第 3 回は探検先企業を 8 社としてそれぞれの企業ごとに参加者を募るという形で 2015 年 1 月 24 日に開催され、子供と保護者合わせて 22 名の参加となった。その翌年以降、夏休み中の複数日（5 日から 10 日程度）で開催することになり、第 4 回は 2015 年 8 月に開催され、子供と保護者合わせて 115 名が参加した。2016 年 8 月に開催された第 5 回では 119 名、2017 年 7 月・8 月に開催された第 6 回では 165 名の参加であった。以上のように、これまでに延べ 500 名以上の子供・親が参加している。

　このイベントには探検先企業以外に、複数の中小企業がスタッフとして参加している。企業関係者と区役所の職員などが話し合いを重ねながら官民でイベントの企画を練り上げ、当日の作業や進行を協力して担当している。また、地元大学生もサポートスタッフとして参加している。参加した子供・親の満足度はかなり高い。参加者アンケートは第 1 回、第 3 回、第 5 回に実施されており、その結果をみると、いずれも、「よかった」の回答が 9 割から 10 割、「悪かった」が 0 から 1 割であった。

　参加企業にこのイベントの感想を聞いてみたところ、次のような意見が聞かれた。「社員も積極的に参加し、社内が活性化した。港区を支える中小企業としての誇りとやる気が生まれた」（トラック関連企業）、「自社や自社の業種を知ってもらう良い機会になった」（通関業）、「当社の特徴をどのようにすればわかりやすく伝えられるのか、勉強になった」（防犯関連用品販売業）。また、港区役所の職員たちからは「中小企業と協力してイベントを企画するなかで行政だけでは生まれない新しいアイデア、活気ある雰囲気が生まれた」、「地元の企業、技術、産業の実態について深く知ることができた」といった感想が聞かれた。

（2）大正ものづくりフェスタ

　大正区では「大正ものづくりフェスタ」というイベントを 2013 年度から開催し始めた。このイベントは、区役所、地元中小製造業、地元高校などが連携

し、ものづくりの楽しさや魅力について地元の子供たちなど区民に知ってもらうというイベントである。大正区役所4階の区民ホールや区役所前の駐車場を利用して、計測実験やワイヤーロープづくりなどの体験ブース、段ボールアートなどの実演・展示ブースが複数設けられ、企業セミナー、地元高校生によるバンド演奏、書道パフォーマンスなどが行われている。このため、お祭りのような活気あふれるイベントとなっている。第1回のものづくりフェスタは2013年11月に開催し約700名が来場した。第2回は9月に開催し約800名の来場者数であり、第3回以降は8月に開催され、来場者数が常に1,000名を超えるようになった。いずれの回も地元企業約25〜40社が参加している。来場者の満足度は非常に高い。たとえば、2017年ものづくりフェスタ（第5回）での来場者アンケートをみると、84.6％の来場者が「満足」「大変満足」と回答している。

　このイベントはものづくりの地元住民へのPRの場であると同時に、ものづくりをテーマとした地元住民の交流・学習の場であるといえる。また、企業にとってはPRにつながるだけでなく、参加企業がチームを組みイベントを作り上げる過程のなかで、参加企業同士の交流、さらには、企業と行政、企業と学生の交流が促進され、多くのプラスの効果を生み出している。参加企業同士で取引に結び付くケースや、地元高校の学生がこのイベントを手伝ったことをきっかけに、参加企業の地元中小企業に興味を持ち、その企業に就職するに至ったというケースなどもみられる。

　大正区役所では、ものづくりフェスタのほか、住民向けの地元中小企業の見学会（大正オープンファクトリー）の開催、修学旅行生向けの工場見学ツアーの開催、学生向けのインターンシップの実施も手がけ、さまざまな形で中小企業の地域社会活動を引き出そうとしている（オープンファクトリーの概要については本多（2018）を参照されたい）。

（3）その他の事例

　平野区と東住吉区では、2005年から合同で「産業交流フェア」を毎年開催

している。地元の中小企業の主導で企画・開催され、区役所をはじめとした地元の公的機関がサポートを行っている。地元企業数十社が出展しているが、単なる企業展示・交流会ではなく、体験ブースや食べ物屋のブースも多く、学校や住民による出し物（演奏、合唱、ダンスなど）もある。さまざまな年齢層の地域住民が参加し、2日間の開催で3,000名を超える来場者が訪れる活気のあるイベントとなっている。東成区では2011年から「わが町工場見てみ隊」という子供たちとその親たちが地元の工場見学をするというイベントが定期的に開催されている。区をベースとしたキャリア教育イベントであり、地元の子供たち、大人たちにものづくりの現場を理解してもらい、住工共存を図る取り組みである。生野区では、区役所が地元中小製造業者を紹介するイラスト冊子「ものづくり百景」を2014年に作成して、その冊子をウェブで公開し、話題を呼んでいる。生野区役所では、ものづくり百景で紹介された企業を中心に生野区での企業交流会を開催し、地域活性化の活動に共に取り組んでいこうとしている。このほか、東成区・生野区では地元の経済団体、金融機関、区役所と連携して「東成・生野モノづくりフェスタ（モノづくりフェスタ in 生野・東成）」というイベントを2005年から開催してきた。西淀川区役所が2007年に区役所で初めて工業活性化担当を設置し、「西淀川区工業活性化研究会」や「西淀川ものづくりまつり」を立ち上げてきたことも有名である。

4.　自治体中小企業政策の新たな可能性

　以上のように、大阪市の各区で中小企業と自治体の連携による地域社会活動が広がりつつある。上記の事例をみると、自治体と中小企業の連携の形や方法は一様ではなく、自治体が主導するケースもあれば、中小企業が主導するケースもある。いずれにしても、自治体が触媒となって、中小企業の地域貢献意欲を具体的な地域社会づくりの活動へとつなげている。**図表 11-3**のクエスチョンマークの矢印の流れを自治体が後押ししているのである。その意味で、これ

までの自治体政策にあまりみられなかった中小企業の地域社会活動の支援という視点が現実に生まれつつあるといえる。そして、この大阪市の取り組みは、次のような注目すべき特徴を生み出している。

第1に、商工部局ではない部局が行政側の主体となっている。これまで中小企業に関することは、商工部局で中心的に扱ってきた。大阪市でいえば経済戦略局である。しかし、上記の各区の中小企業の連携先は、区役所が主体になっている。区役所の運営支援は大阪市では経済戦略局ではなく市民局が担当している。区役所ではこれまで窓口業務でカウンター越しに中小企業と接することはあっても、中小企業の現場に出向き、連携して地域社会づくりの取り組みを行うことはほとんどなかった。したがって、区役所が中小企業と深いかかわりを持ち始めていることは、新しい動きであり興味深い。従来、中小企業の「地域経済」への貢献に目が向けられていたため、自治体では商工部局が中小企業にかかわる部署として当然と考えられてきた。しかし、中小企業は「地域社会」にも貢献する主体であり企業市民であることを考えると、商工部局だけでなく、区役所、市民局などの他部局も中小企業とかかわることはむしろ自然な形なのかもしれない。中小企業政策は1つの部局に捉われず、部局横断的に行われるべきことを示唆する事例といえる。

第2に、中小企業と行政が互いに協力者という対等な関係になっている。商工部局が中小企業とかかわるときには、「支援する側」と「支援される側」という関係性がそこにはある。しかし、上記の事例では、区役所と中小企業が協力・連携して、地元住民や地域コミュニティに何かプラスになることをしようと行動している。ここでは、「支援する側」と「支援される側」の関係性はなく、お互いが地域のために何ができるのかを考える対等な立場である。これは、自治体が中小企業の実態を理解するうえで、また、中小企業が行政の実態を理解するうえで重要な関係といえる。こうした対等な立場をもとに、互いの考え、悩み、置かれている状況に対する相互理解が進んでいた。自治体が独自の中小企業政策を行うべきという指摘はとても多い。しかし、そのためには中小企業がどのような実態であるかをつかみ、自治体として何ができるのかを学ぶこと

が求められる。その手掛かりやきっかけになる可能性がこの取り組みに秘められている。中小企業側からしても、地元の自治体にどんな施策があるのか知らず、利用機会を逃しているというケースが多い。区役所が直接、専門的支援を行うわけではないが、区役所の知り合いから支援機関を紹介してもらったり、支援施策の概要を聞いたりすることは、こうした関係性が構築されていれば、起こりやすくなる。

　自治体と中小企業は、共に地域に埋め込まれている重要な主体である。だからこそ、互いの協力関係、すなわち、自治体が中小企業を支援し、中小企業が自治体の活動を支えることが求められる。この関係性をもとにした相互発展と地域発展が、自治体中小企業政策の目指すべき新しい姿ではないかと筆者は考えている。こうした政策像を確立するためには、互いの相互理解が不可欠であり、上記のような対等な立場での協働が相互理解を促進させるのではないかと思われる。

　第3に、中小企業の事業活動の活性化にもつながっている点である。上記の各区の取り組みは、参加企業が自社を活性化するツールにもなっていた。地元の住民、学生、区役所職員と接して、自社の事業について説明したり、質問に答えているうちに、自社の特徴や魅力の再発見につながる、という効果が生まれていた。経営者や従業員のやる気や誇りが高まる、自社の評判や認知度が向上する、といった効果もあった。これは、企業内部の経営資源の質的向上と量的拡大をもたらす効果といえる。このロジックは**図表 11-4** に示すとおりである。

　企業が地域社会活動を実施することによって、経営者や従業員が仕事へのやる気や誇りを持つ、あるいは、コミュニケーション能力やプレゼンテーション能力が高まるという効果がみられており、「人」（経営者や従業員）という経営資源の質的な向上が図られたと考えることができる。また、「信頼」、「評判」、「情報」、「関係性」という経営資源が新たに付加された（経営資源が量的に拡大した）とも解釈できる。港区 WORKS 探検団が「地域と企業の活性化プロジェクト」と銘打っているのは、こうした中小企業サイドの活性化も意識している

図表11-4　社会活動による事業活動の活性化のロジック

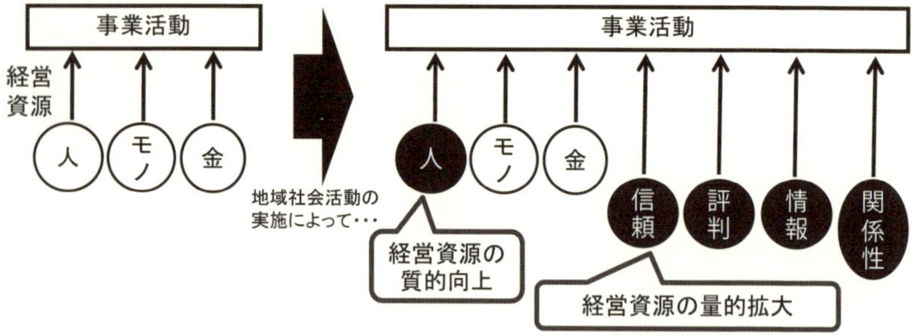

出所：筆者作成。

　からである。したがって、区役所が中小企業の地域社会活動をサポートすると
いうことは、自治体による中小企業の事業活動支援の新たな形と捉えることが
できる。**図表11-3**でいうと、自治体が地域社会活動を支援することによって、
事業活動が促進されるという流れがみられるのである。事業活動支援から派生
的・付随的に社会活動が生まれるという従来の発想とは逆の流れが起きている
といえる。

　これまで、中小企業政策は経営や産業に通じた「プロ」が行うもの、商工部
局が担当するもの、という常識があった。しかし、実は「素人」であっても（企
業経営について専門的な知識がなくても）、中小企業と地域社会づくりのため
の協働の取り組みを行うことで、中小企業支援ができていることを、この事例
は示している。これは、普段、市民と身近に接し、市民からの信用を得ている
自治体職員だからこそ携わることができる、新たな中小企業支援の形といえる。

5.　おわりに

　中小企業と地域社会の多様な結びつきをみると、自治体が政策を実施するう

えで、中小企業を単に地域の経済的主体としてのみ捉えるのではなく、地域社会の発展を支える社会的主体として位置づけていくことが重要である。中小企業は単に地域に金銭をもたらす、あるいは金銭を循環させるというだけではなく、地域社会の人的なつながりや助け合いを助長させ、コミュニティを維持・醸成させるという役割も果たしているのである。

　自治体中小企業政策は中小企業の事業活動を支援する自治体政策と捉えられがちである。しかし、上記のような形で中小企業の社会活動が地域発展をもたらしていることを考えると、「中小企業の社会活動を自治体がサポートすること」も自治体中小企業政策（いわば広義の自治体中小企業政策）といえる。

　従来の研究ではあまり取り上げられることのなかったこうした点に着目することで、新たな自治体中小企業政策の展開が可能になるのではないだろうか。大阪市の各区における中小企業と区役所の協働の取り組みは、中小企業の地域社会活動を促進させるという効果に加えて、部局横断的な中小企業政策の進展、中小企業の実態把握の促進、行政に対する理解の向上、中小企業の事業活動の活性化といったさまざまな効果を創出していた。

　しかも、これは大阪市のみにとどまらないモデルであると考えられる。政令指定都市ではない（区役所がない）自治体であっても、福祉、教育、市民協働などの部局で中小企業との協力・連携による地域社会活動が生み出される可能性は高い。「地域経済の低迷」とともに「地域社会の疲弊」（つながりやきずなの希薄化など）はあらゆる自治体に共通した課題である。そのいずれにも中小企業は深くかかわっている。この点を考えても、他の自治体において大阪市でみられたような中小企業の地域社会活動支援（中小企業との連携活動）が展開されることが想定されうる。

【参考文献】

足立辰雄編（2013）『サステナビリティと中小企業』同友館。
伊藤正昭（1997）『地域産業論』学文社。
植田浩史・立見淳哉編（2009）『地域産業政策と自治体—大学院発「現場」からの提言—』

創風社。

上野和彦（2013）「中小企業と地域経済」中小企業総合研究機構編『日本の中小企業研究（2000-2009）　第1巻　成果と課題』同友館。

太田進一（2009）「CSR（企業の社会的責任）と企業経営のあり方」『同志社商学』第60巻第5・6号。

河藤佳彦（2008）『地域産業政策の新展開―地域経済の自立と再生に向けて―』文眞堂。

清成忠男・田中利見・港徹雄（1996）『中小企業論』有斐閣。

商工総合研究所編（2013）『これからのCSRと中小企業―社会的課題への挑戦―』商工総合研究所。

田中宏昌・本多哲夫編（2014）『地域産業政策の実際―大阪府の事例から学ぶ―』同友館。

日本政策金融公庫総合研究所（2009）『地域貢献のすすめ―小企業による地域貢献活動の実態―』中小企業リサーチセンター。

藤田敬三・竹内正巳編（1998）『中小企業論〔第4版〕』有斐閣。

本多哲夫（2013）『大都市自治体と中小企業政策―大阪市にみる政策の実態と構造―』同友館。

本多哲夫（2016）「地域社会づくりと自治体中小企業政策―大阪の事例から―」日本中小企業学会編『地域社会に果たす中小企業の役割―課題と展望―（日本中小企業学会論集35)』同友館。

本多哲夫（2018）「自治体中小企業政策と地域貢献」『中小企業季報』第187号。

あ　と　が　き

　本書の執筆者全員は「中小企業研究会」のメンバーです。同グループによる研究書の刊行はこれで5冊目となりますが、いずれも各人の多様なアプローチを大いに尊重しつつ、全員討議によることを基本としています。本書も現代の中小企業に関するさまざまな視点から、11章の論考により構成されています。残念ながら、当初に予定されていた産業連関分析に関する論考については執筆者のご家族の事情から上梓がかないませんでした。ただ、大阪ないし関西在住者からの情報発信であることから、今後もこのような研究会による存在感の重みが増すように努めたいと思います。

　メンバーの専門分野はそれぞれ異なりますし、その分析手法、経済学方法論や立脚する経営学の理論も必ずしも一致したものではありません。

　平成から令和の時代になっても、当分は資本主義の優位性は続くでしょうが、その無秩序な市場原理と経済運営が孕む諸矛盾はますます大きくなっていくものと思われます。そして、アメリカやヨーロッパ諸国などで台頭するポピュリズム、および中国などで強まる権威主義による、世界秩序への挑戦は第2次世界大戦後に長く形成されてきた、国内の自由・民主的経済活動やIMF・WTOによる自由・多角・無差別貿易体制を疑問視し、世界政治・経済体制の再編成をもたらしかねません。

　このような時代にあって、私たちはけっして一元的な意見集約を求めてはいません。私たちの研究会では、今後も空理空論や独断的志向を徹底的に排除し、新規企画や入会等を含む重要案件については会員の総意に基づくなど、独断専行を徹底して排除していきたいと思います。なにより、自由闊達な議論と対等の人間関係の保証が調査・研究集団にとり、最も重要だと思っています。

　今後も、こうした本研究会の伝統と基盤を大切にしつつ、研究活動の発展を志し、社会や学界などに微力ながらも貢献していくことができればと考えます。

2019年盛夏　前田　啓一

索　引

〔著者略歴〕

*印は編者を示す

＊髙田　亮爾（たかだ　りょうじ）　　　　　　　　　　　担当：第1章
1943 年生まれ。流通科学大学名誉教授。京都大学博士（経済学）。
和歌山大学経済学部卒業、神戸商科大学大学院経営学研究科中途退学。
大阪府立商工経済研究所主任研究員、流通科学大学商学部教授（商学部長、副学長、
図書館長）、兵庫県立大学大学院客員教授等を経て、現職。
主要業績：『現代中小企業の動態分析―理論・実証・政策―』ミネルヴァ書房、2012 年。
　　『現代中小企業の経済分析―理論と構造―』ミネルヴァ書房、2003 年。『現代中小
　　企業の構造分析―雇用変動と新たな二重構造―』新評論、1989 年。

町田　光弘（まちだ　みつひろ）　　　　　　　　　　担当：第2章、第3章
1965 年生まれ。大阪産業経済リサーチセンター（旧大阪産業開発研究所）主任研究員。
神戸大学法学部卒業、大阪大学経済学部卒業。
主要業績：「製造業の規模間格差に関する理論の整理と考察」『産開研論集』（大阪産
　　業経済リサーチセンター）第 27 号、2015 年。「中小工業における規模別付加価値生
　　産性格差の拡大要因について」『中小企業季報』（大阪経済大学中小企業・経営研究
　　所）第 169 号、2014 年。『大都市型産業集積と生産ネットワーク』（共編著）世界思
　　想社、2012 年。

藤川　健（ふじかわ　たけし）　　　　　　　　　　　　担当：第4章
1979 年生まれ。兵庫県立大学国際商経学部准教授。同志社大学博士（商学）。
同志社大学大学院商学研究科博士後期課程単位取得満期退学。
同志社大学商学部講師、愛媛大学法文学部総合政策学科講師、同准教授を経て、現職。
主要業績：「金型産業における競争・分業構造―東アジア優位産業の研究―」アジア
　　経営学会編『アジア経営研究』第 25 号、2019 年。「金型産業の技術競争力の再考」
　　日本中小企業学会編『アジア大の分業構造と中小企業』同友館、2014 年。「四国に
　　おける金型製造企業の存立基盤」湯浅良雄・大西正志・崔英靖編著『地域創生学』
　　晃洋書房、2014 年。

義永　忠一（よしなが　ただかず）　　　　　　　　　　担当：第5章
1971 年生まれ。桃山学院大学経済学部准教授。
関西大学社会学部卒業、関西大学大学院社会学研究科産業社会学専攻博士後期課程単
位取得満期退学。
主要業績：「産業集積における構造変化のダイナミクス―製造機能と問屋機能の相互
　　作用―」『商工金融』第 69 巻第 2 号、2019 年。「縮小する国内産業の構造変化につ
　　いての一考察―自動車用補修部品産業における商社・卸売業を中心に―」『桃山学
　　院大学経済経営論集』第 59 巻第 4 号、2018 年。

文能　照之（ぶんのう　てるゆき）　　　　　　　　　　担当：第6章
1963年生まれ。近畿大学経営学部教授。
大阪大学大学院国際公共政策研究科修了。大阪大学博士（国際公共政策）。大阪府立
産業開発研究所（旧：大阪府立産業能率研究所）・主任研究員を経て、現職。タマサー
ト大学客員教授（2017年〜2018年）。
主要業績："Characterizing R&D and HRD in the innovation process of Japanese
　　SMEs: analysis based on field study"(Co-author), *Asian Journal of Technology
　　Innovation*, pp.1-19, Routledge, 2017.「中小・ベンチャー企業のイノベーション戦略
　　－戦略適合性と競争優位性の観点から－」、『関西ベンチャー学会誌』、Vol. 4、pp.
　　29-38、関西ベンチャー学会、2012年。『ベンチャービジネス論』（共編著）、実教出版、
　　2007年。

＊**池田　潔**（いけだ　きよし）　　　　　　　　　　　担当：第7章
　1957年生まれ。大阪商業大学総合経営学部教授。兵庫県立大学名誉教授　兵庫県立大
学博士（経営学）。
大阪市立大学経済学部卒業。
日立製作所、大阪府立商工経済研究所主任研究員、北九州市立大学産業社会研究所助
教授、兵庫県立大学経営学部教授（経営学部長、東地区学生副部長、総合教育副センター
長、学生支援機構副機構長）を経て、現職。
主要業績：『現代中小企業の経営戦略と地域・社会との共生―「知足型経営」を考える』
　　ミネルヴァ書房、2018年。『現代中小企業の自律化と競争戦略』ミネルヴァ書房、
　　2012年。『地域中小企業論』ミネルヴァ書房、2002年。

太田　一樹（おおた　かずき）　　　　　　　　　　担当：第8章
1958年生まれ。大阪経済大学経営学部教授、兵庫県立大学博士（経営学）。
関西大学工学部卒業、神戸大学大学院経営学研究科博士前期課程修了。
大阪府立産業能率研究所研究員、奈良大学助教授、阪南大学教授などを経て、現職
主要業績：『1からのグローバルマーケティング』碩学舎、2017年。『コンサルティン
　　グの基礎』同友館、2013年。『ベンチャー・中小企業の市場創造戦略』ミネルヴァ
　　書房、2008年。

＊**前田　啓一**（まえだ　けいいち）　　　　　　　　　担当：第9章
　1951年生まれ。大阪商業大学経済学部教授（前・経済学部長）比較地域研究所長。
同志社大学大学院商学研究科博士課程（後期）満期退学。
大阪市立大学博士（経済学）。大阪府立産業開発研究所主任研究員などを経て、現職。
主要業績：『ベトナム中小企業の誕生―ハノイ周辺の機械金属中小工業―』御茶の水
　　書房、2018年。『岐路に立つ地域中小企業』ナカニシヤ出版、2005年。『EUの開発
　　援助政策―ロメ協定の研究：パートナーシップからコンディショナリティーへ―』
　　御茶の水書房、2000年。

梅村　仁（うめむら　ひとし）　　　　　　　　　　　　　　担当：第 10 章

1964 年生まれ。大阪経済大学経済学部教授・地域活性化支援センター長・高知大学客員教授。大阪市立大学博士（創造都市）。

高知大学人文学部卒業、大阪市立大学大学院創造都市研究科博士後期課程修了。

尼崎市役所職員（産業振興課長、都市政策課長等）、高知短期大学准教授・教授・地域連携センター長、文教大学経営学部教授等を経て、現職。

主要業績：『自治体産業政策の新展開』ミネルヴァ書房、2019 年。『現代中小企業のソーシャル・イノベーション』（共著）ミネルヴァ書房、2017 年。『地域マネジメント戦略』（共著）同友館、2014 年。

本多　哲夫（ほんだ　てつお）　　　　　　　　　　　　　　担当：第 11 章

1971 年生まれ。大阪市立大学商学部教授。大阪市立大学博士（商学）。

大阪市立大学経済学部卒業。大阪市立大学大学院経済学研究科後期博士課程単位取得退学。

大阪府立産業開発研究所研究員を経て、現職。

主要業績：『継ぐまちファクトリー』同友館、2018 年。「地域社会づくりと自治体中小企業政策—大阪の事例から—」日本中小企業学会編『地域社会に果たす中小企業の役割—課題と展望—（日本中小企業学会論集 35）』同友館、2016 年。『大都市自治体と中小企業政策—大阪市にみる政策の実態と構造—』同友館、2013 年。

2019年10月30日　初版第1刷発行

中小企業研究序説

編著者　ⓒ　髙田亮爾

前田啓一

池田　潔

発行者　　脇坂康弘

発行所　　株式会社 同 友 館
　　　　　東京都文京区本郷 3-38-1　（郵便番号 113-0033）
　　　　　TEL 03-3813-3966　FAX 03-3818-2774
　　　　　URL https://www.doyukan.co.jp/

乱丁・落丁本はお取替えいたします。　神谷印刷／松村製本所
ISBN978-4-469-05443-3　Printed in Japan